아빠의 놀이주머니 1

슬기로운 집콕놀이 101

슬기로운
집콕놀이 101

한기철 지음 | 원현경, 조영하 그림

율리시즈

추천사

한기철 선생을 만난 것은 20여 년 전 '청소년과 놀이문화연구소'에서 운영하는 청소년활동지도자 1년 과정에서였습니다. 당시는 물론이고 지금까지도 국내에 유일한 청소년지도자 과정에 대학생 신분으로 참가한 것을 인연으로, 이후 자원지도자를 거쳐 간사로 보낸 10년이 넘는 세월을 함께했습니다.

한선생은 사회복지사로서 정신병동을 열심히 찾아다니고, 어려운 사람들에게 조금이라도 도움이 되고 싶다는 뜨거운 열정을 지닌, 보기 드문 청년이었습니다. ROTC 장교로 복무하는 동안에도 연구소 자원봉사를 계속했고 같은 마음을 가진 아내를 만나 결혼하기까지, 모든 과정을 가까이에서 지켜보았지요.

어려운 곳이라면 어디라도 달려가겠다는 간절함에 연구소 일을 접고 몽골로 떠나 그곳의 청소년들을 지극정성으로 돌본 것도, 정말이지 선생다운 행동입니다. 최근에는 활동 범위를 동남아 국가들까지로 넓히고 있다고 들었습니다. 선생의 기질을 익히 아는 나로서는 늘 건강이 걱정입니다.

올해는 코로나 바이러스로 세상이 완전히 멈췄고 이러한 공포는 인간관계를 철저히 단절시켜버렸습니다. 사상 초유의 위기가 아닐 수 없지요. 이러한 때 한선생이 부모 자녀와의 관계를 회복시켜야 한다는 신념으로 놀이책을 펴낸 것을 기쁘고 고맙게 생각합니다. 가정을 회복시키고 청소년을 살리는 길은 분명 놀이밖에 없습니다. 지금도 옥중 수감자분들의 자녀들을 돌보느라 고군분투 중인 선생을 보면서 매번 감탄하고 감동합니다.

우리나라 청소년들이 즐겁고 행복하고 자유롭게, 절제와 책임의식을 가진 건강한 인간으로 성장하도록 기성세대와 부모들은 박탈한 놀이들을 되돌려주어야 합니다. 그러한 일에 이 책이 크게 기여할 수 있기를 기대합니다. 이 책을 시작으로 한기철 선생만의 특별하고 독보적인 세계를 만들어낼 수 있도록 최선을 다해주기를 부탁드립니다.

전국재
'청소년과 놀이문화연구소' 소장·교육학 박사

머리말

안녕하세요. 열쇠 삼촌 한기철이라고 해요. 열쇠 삼촌은 나름 놀이라는 한 길을 걸어오면서 국내외 다양한 어린이, 청소년, 가족, 리더들을 만날 수 있었어요. 덕분에 강사들의 강사, 지도자들의 지도자라고 불리기도 해요. 그중에서도 어린이들의 놀이 동무라는 표현이 가장 마음에 들어요. 그렇게 살고 싶기 때문이에요.

열쇠 삼촌은 이 땅의 모든 어린이들이 행복을 누리고 건강하게 자라는 '파란 나라'를 꿈꿔요. 동시에 어린이들이 세상에서 스스로 또 더불어 만들어가는 '파란 나라'의 열쇠 같은 사람이 될 수 있기를 바라지요. 그러기 위해서는 파란 나라를 경험할 수 있어야 할 텐데, 가장 기본이자 중심이 되는 경험의 장이 바로 가정이고, 부모와의 관계이며, 그 바탕은 사랑이라고 믿어요.

위기는 꼭 어려움만 오지 않아요. 코로나 19로 인해 고통스럽고 어려운 일이 많지만 감사한 일도 있어요. 가족이 함께할 수 있는 시간이 많아졌어요. 열쇠 삼촌이 할 수 있는 역할 중 하나는 이 시기를 웃음으로 극복하고 가족이 더 가까워지고 행복할 수 있는 놀이를 나누는 일이라 생각했어요. 함께 위기를 기회로 만들고 이겨내고 싶었거든요. 그래서 할 수 있는 몫으로 SNS를 통해 집에서 할 수 있는 놀이를 정기적으로 공유하고 있기도 해요.

책 《아직도 가야 할 길》로도 유명한 스캇펙 박사는 사랑은 표현될 때 사랑이라는 말을 했어요. 그 사랑의 표현은 자녀와 함께 시간을 보내는 것이라고도 했지요. 지금같이 가족이 함께할 시간이 많아진 상황이야말로 자녀에게 그 사랑을 표현하는 가장 좋은 기회라 여겨요. 그리고 자녀와 함께하는 시간을 즐겁고, 행복하게, 또 질적으로 깊이 있게 보낼 수 있는 통로가 바로 놀이라고 힘주어 말하고 싶어요.

열쇠 삼촌은 두 아들에게 밤마다 찾아오는 이야기꾼이었어요. 요즘도 종종 잠들기 전에 이야기를 들려주고, 이런저런 대화를 나누곤 해요. 어느 날 둘째에게 물었어요. "요엘아, 아빠가 요엘이를 얼마나 사랑하는지 알아?" 안다고 해요. 이에 "어떻게 알아?"라고 물으니 준비라도 한 듯 대답했어요. "나랑 놀아주잖아." 요엘이에게는 시간을 내어 자기와 같이 노는 아빠를 통해 아빠의 사랑을 느끼고 있음을 확인할 수 있었어요.

사실, 아들에게 처음부터 그런 말을 들었던 건 아니에요. 예전에 연구소에서 일할 때 다른 아이들과 캠프를 한다고 한 해 80일 가까이 집에 못 들어간 적도 있고, 스스로 기뻐서 한 일이긴 한데 종종 늦게 집에 들어가곤 했어요. 마음과는 달리 두 아들에게 다소 소홀했어요. 하루는 집에 돌아와 잠든 두 아들을 바라보는데 내가 지금 무얼 하고 있나 그런 생각까지 들었어요.

자신이 기획하고 담당한 프로젝트나 강의 및 프로그램은 열과 성을 다하면서도 정작 가장 소중한 가치라 여기는 가족과 두 자녀에게는 소홀한 자신을 보게 되면서 달라지려고 노력했어요. 자녀와 함께 시간을 보내는 게 이벤트가 아니라 일상이 되길 바라며 의도적으로 시간을 냈어요. 아이들에게 사랑의 언어인 함께하는 시간을 통해 아이들의 삶인 놀이 세계로 들어가려고 했어요.

올해 초등 4학년이 된 요한이가 어버이날 선물로 편지를 써주었어요. 편지에 아빠의 장점으로 '늘 밝게 웃으셔요', '늘 놀아주셔요.'라고 적어준 아들의 칭찬에 한 줄기 희망을 보고, 힘을 얻었어요. 아들에게 정말 그런 아빠가 되고 싶게 하는 말이면서 이 책을 세상에 내놓는 용기를 준 말이기도 했어요.

놀기에 좋지 않은 날은 없다고 생각해요. 밖에서 놀 수 없다면 안에서 놀면 돼요. 미세먼지가 심하거나, 코로나 19와 같은 사태로 야외에 나가기 어렵고 친구를 만나기 어려울 때 혹은 퇴근 이후나 그 밖에 자녀와 함께 집에서 시간을 내어 놀려고 할 때 이 책은 언제라도 꺼내 쓸 수 있는 놀이 주머니가 되어줄 거예요. 꺼내 쓰는 건 놀이하는 이들의 몫이에요. 부디 이 책이 각 가정에 파란 나라가 임하고 함께 파란 나라를 만들어가는 '놀이주머니'로 쓰일 수 있으면 하는 바람이에요.

결혼 10주년이던 날 아들에게 엉뚱하고 의미 있는 선물을 받은 기억이 있어요. 둘째 요엘이가 "엄마, 내가 한 가지 알려줄까?"라고 묻더니 "내가 선물이다~!"며 스스로 답하는 거예요. 옆에 있던 열쇠 삼촌이 어떻게 요엘이가 선물인 줄 알았는지 물어보니 아빠와 엄마가 알려줬으니까 안다는 거예요.

그 말에 앞으로도 두 아들이 부모에게 있는 그대로 얼마나 소중하고 가치 있는 존재이며 선물 같은 존재인지 느낄 수 있도록 진심으로 함께 시간을 보내고 놀아야겠다고 다시금 의지를 다지게 돼요. 열쇠 삼촌도 그렇게 가정의 파란 나라를 꿈꾸는 이들과 함께 걸어가고 싶어요. 우리 같이 걸어가요.

마지막으로 오늘의 열쇠 삼촌이 있게 해준 청소년과 놀이문화연구소의 전국재 소장님과 식구들에게 존경과 감사를, 남편과 아빠의 길을 응원하며 든든한 힘이 되어준 아내와 두 아들, 그리고 파란 나라의 동료들에게 감사와 사랑의 마음을 전합니다. 이 책을 펴낼 수 있도록 해주신 율리시즈 김현관 대표님과 김미성 편집장님께도 깊이 감사드립니다. 아울러 책이 나오기까지 도움을 주신 모든 분들에게 감사의 마음을 전합니다.

북한산 송추골에서

열쇠 삼촌 한기철

목차

제6장 협동 놀이

부록

《슬기로운 집콕놀이》에 담긴 놀이의 특징

첫째, 집 안에서 할 수 있는 실내놀이입니다. 미세먼지가 많은 날이나 코로나 사태와 같은 비상 상황으로 밖에 나가기 어렵거나 그 밖에 가족이 집에서 함께할 때 외출 부담 없이 실내에서 즐겁게 시간을 보낼 수 있습니다.

둘째, 누구든 쉽게 할 수 있는 놀이입니다. 전문 강사나 놀이지도자만이 할 수 있는 놀이라면 어떤 의미에서는 진정한 놀이라 할 수 없습니다. 여기 담긴 놀이는 마음과 의지만 있다면 누구나 쉽게 따라 할 수 있습니다. 그런 면에서 아이들이 직접 책을 보며 하고 싶은 놀이를 직접 골라서 할 수도 있습니다.

셋째, 간단한 준비물로도 할 수 있는 놀이입니다. 맨몸으로 할 수 있는 놀이부터 주변에서 쉽게 구할 수 있는 재료와 물건을 활용해 자유자재로 즐길 수 있습니다.

넷째, 여럿이 할 수 있는 놀이입니다. 가족뿐 아니라 자녀의 친구들이 집에 놀러 올 때나 소모임에서도 즐길 수 있습니다. 핸드폰 대신 서로의 얼굴을 마주하며 웃음을 주고받게 됩니다.

다섯째, 다양한 현장에서 적용할 수 있는 놀이입니다. 아빠, 엄마뿐 아니라 돌봄교실, 공동생활가정, 공동육아, 건강가정지원센터, 지역아동센터 등 한 명에서 열 명 안팎의 소집단 현장에서 즐길 수 있습니다.

놀이 꼭지 안내

1장 맨몸 놀이

말 그대로 맨몸으로 하는 놀이입니다. 어떤 준비물도 필요 없는 놀이로 1~5분의 짧은 시간 동안에도 할 수 있는 놀이를 담았습니다. 자연스러운 스킨십이 많은 활동으로 가족 간 친밀감을 더욱 높여줍니다. 아이들은 놀아달라고 하는데 짬이 나지 않아 잠깐씩 틈을 내서 놀 때 유용합니다.

2장 직접 만들어서 즐기는 놀이

쉽게 구할 수 있는 재료로 도구를 만들어서 함께 즐기는 놀이입니다. 아이들에게는 놀이를 제작하는 과정도 하나의 놀이입니다. 아이들이 자신만의 상상력과 방법으로 만들어볼 수 있도록 독려해주세요. 아이들에게는 창조의 힘이 있습니다. 꼭 여기에 나와 있는 재료로만 할 필요는 없습니다. 대체할 수 있는 재료로 자유롭게 만들어서 즐겨보세요.

3장 간단한 재료로 즐기는 놀이

간단한 소품이나 재료만 있으면 언제든지 꺼내서 즐길 수 있는 놀이입니다. '우리 집 놀이 상자'를 만들어 차곡차곡 놀 거리를 채워보세요. 자녀가 우리 집 놀이터에 친숙해지고 나면 손에 잡히는 것마다 놀이도구가 될 것이며, 주도적으로 즐거운 우리 집 놀이터를 만들어 갈 것입니다. 놀이 상자는 가족의 보물 상자가 되겠죠.

4장 대화 놀이

무겁지 않으면서 즐겁고, 진솔한 대화를 촉진하는 놀이입니다. 부모가 일방적으로 소통하거나 소리를 지르며 통제하는 게 아니라 쌍방으로 소통하고 공감하면서 편안한 대화를 이어나갑니다. 놀다 보면 어느새 무슨 이야기를 어떻게 나눠야 할지 고민이 사라지고, 웃으면서 한층 더 서로를 이해할 것입니다. 대화야말로 서로의 거리가 가까워지게 하는 최고의 놀이 중 하나입니다.

5장 달인 놀이

최고의 기록에 도전하는 형식으로 즐기는 놀이입니다. 기록에 도전하는 과정과 성취에서 오는 내적 경험뿐 아니라 가족의 새로운 모습과 의외의 재능을 발견하는 기회가 됩니다. 서로의 기록을 비교하고 평가하기보다 잘한 점을 알아봐주면서 서로 축하해주고, 동시에 서로의 다른 면을 인정해주는 가족 문화를 만들어보세요. 오늘의 달인을 뽑아, 달인의 이름으로 조촐하게 간식을 나눠 먹으며 가족 파티를 열 수도 있겠지요.

6장 협동 놀이

가족 간 상호신뢰와 협력을 바탕으로 도전 과제를 함께 해결하는 협동 놀이입니다. 이를 통해 가족 구성원들은 도전과 성취의 기쁨을 느끼고 자신감, 문제해결 능력, 효과적인 의사소통기술 등을 얻을 수 있습니다. 부모는 서로 수용하고 지지하며, 공감하고 신뢰하는 분위기를 조성하는 촉진자 역할을 해주세요. 자녀들이 직접 놀이를 선택해서 도전하도록 하고, 낮은 단계에서 점차 높은 단계로, 직접 도전 수준을 결정하는 방식으로 즐겨보세요.

우리 아빠도 놀이 고수가 되는 지혜

누가 놀이 고수인가?

나름 놀이라는 한 길을 걸어온 내게도 '나는 놀이 고수인가?'라고 묻습니다. 그러다 어릴 적 저 자신을 만납니다. 우리가 어릴 때는 누구나 놀이 고수였습니다. 언제 어디서든 할 수 있는 놀이가 있었습니다. 모두가 함께할 수 있었습니다. 놀이가 일상이었습니다. 체험학습이나 이벤트로 하는 경험이 아니라 삶 그 자체였던 겁니다.

놀이는 어린이 세계입니다. 어린이의 마음이 있는 사람이라면 누구나 놀 수 있습니다. 현장에 나가보면 어른은 물론이고 요즘 어린이와 청소년들에게서 어린이 마음이 손상되었거나 사라져가고 있음을 목격합니다.

놀이터에는 어른이 없었습니다. 지도자가 따로 없었습니다. 모두가 놀이의 주인공이고, 주체였습니다. 가르치는 사람과 배우는 사람, 지도하는 사람과 지도받는 사람이 따로 있는 게 아니었습니다. 놀이를 함께하는 친구가 있었어요. 스스로 규칙을 정하고, 조율하면서 놀고, 더불어 행복하게 살아가는 지혜를 길렀죠. 놀면서 자연스럽게 성장하고 성숙해갔던 거지요.

그런 면에서 놀이 고수가 되는 길은 간단할 수 있어요. 우리가 어린이 마음이 되어 어린이 세계로 들어가면 돼요. 아이들의 놀이 세계, 그 삶속으로 들어가면 돼요. 잠시 그 비결을 나눌까 해요.

놀이 고수가 되는 지혜

첫째, 내가 놀면 됩니다. 놀이는 내가 노는 것입니다. 부모가 자녀 대신 인생을 살아줄 수 없듯이, 자녀 대신에 놀아줄 수도 없습니다. 그렇기에 내가 '놀아주는' 것이 아니라 '놀아야' 합니다. 내가 즐겁고, 행복할 때 자녀들도 행복한 놀이 세계로 초대할 수 있습니다. 자녀들에게 놀이를 가르치려 하지 말고, 놀아주려 하지 말고, 진행하려 하지 마십시오. 내가 스스로 놀이의 주체가 되어 함께 놀면, 자녀들도 자연스럽게 놀이의 세계에 빠져들게 될 것입니다.

둘째, 그냥 함께 놀면 됩니다. 놀이는 '배우는' 게 아니라 '하는' 것이며, '누리는' 것입니다. 놀이는 무엇보다 어린이들의 본능이고, 삶입니다. 어린이들에게 놀이를 누리도록 존중하고 놀도록 두면 됩니다. 어린이들은 놀고 싶어서 노는 것이지, 무엇을 위해 놀지 않습니다. 부모도 그냥 함께 놀다 보면 자유롭고 행복한 어린이 세계로 들어갈 것입니다.

셋째, 주도권을 넘겨주면 됩니다. 진짜 놀이 고수는 아이들이 스스로 놀도록 하는 것이며, 내가 놀았다는 생각이 들도록 하는 것입니다. 으레 주도권을 넘긴다는 의미를 단순히 부모 없이 자녀가 알아서 혼자 놀 수 있도록 하는 것이라고 이해하는 부모들이 있습니다. 아이들에게 스스로 놀 수 있는 환경만 만들어주어도 놀 줄 알기에 어느 정도 맞는 말이지만 그것만이 전부는 아닙니다. 더 중요한 건 같이 노는 것입니다. 놀이에 자녀를 끼워 맞추지 않고 자녀의 놀이 세계로 들어가려고만 하면 놀이가 보이고 자녀가 보일 거예요. 놀이하는 지혜도 생깁니다. 부모는 놀이 안내자나 그저 같이 노는 것으로 충분합니다. 아이들 스스로 주체가 되어 자기들만의 어린이 세계, 놀이 세계를 스스로 만들어갈 힘이 있으니까요.

넷째, 시작하면 됩니다. 놀이 고수가 되려면, 놀이 고수가 되려고 해선 안 됩니다. '내가 잘할 수 있을까' '아이가 재미없어하면 어떡할까' 하는 부담과 고민을 내려놓으세요. 고맙게도 아이들은 같이 놀기만 해도 부모를 있는 그대로 받아줍니다. 아이들은 부모의 마음과 함께 노는 것이지, 부모의 놀이 기술과 노는 게 아니기 때문입니다. 사실, 어른들에게 놀이는 일상이 아니라 '잃어버린' 일상이자 습관이기에 어색하게 느껴질 수 있습니다. 그럴지라도 자녀를 믿고 시작해보세요. 자녀를 사랑하는 마음 하나면 족합니다. 작은 목표를 세워 하루 5분이라도 실천하면서, 놀이를 조금씩 반복해보세요. 반복이 쌓이면 습관이 되고, 습관이 이어지면 일상이 됩니다. 시작하면 됩니다.

놀이 고수는 자녀를 독립된 인격체로 존중하고, 그 삶을 인정하면서 아이들의 놀이하는 일상을 돌려주려는 데서 시작합니다. 그리고 놀이 고수는 놀이 기술을 연마하기보다 아이와 함께 시간을 보내는 것에서부터 시작합니다. 놀이 고수가 되려는 부담을 내려놓고, 작은 목표를 세워 같이 놀면 됩니다. 내가 놀고, 내가 즐거운 세계로 들어가면 됩니다. 우리에게 주어진 선물인 놀이에 억지로 의미를 부여하려 하지 말고, 누려보세요. 아이들과 그저 놀면서 행복을 누리다 보면 의미는 자연스럽게 따라옵니다. 우리 집에도 언제라도 꺼내 쓸 수 있는 행복한 놀이주머니 하나 마련해 보길 권해드립니다.

잊지 마세요. 놀이 고수의 본질은 아이들을 향한 사랑입니다. 우리 모두에게 그 사랑이 있기에 이미 우리는 놀이 고수가 될 준비를 마쳤습니다. 자, 같이 놀아볼까요?

놀이를 안전하게 즐기는 법

아무리 재밌는 놀이도 안전해야 재밌는 법입니다. 그 어떤 놀이도 누군가 다치게 되면 속상하고 즐거움이 반감됩니다. 자녀와 안전하면서도 즐겁게 놀이를 누릴 수 있는 법에 대해 잠시 나누겠습니다.

첫째, 안전에 대한 인식입니다. 놀이뿐 아니라 모든 활동에는 위험요소가 있음을 인지하는 게 필요합니다. 다만, 위험할 것 같다고 무조건 놀지 않거나, 놀이를 못 하게 하기보다 놀이의 위험요소를 다룰 줄 아는 힘, 자기 자신과 서로를 지킬 수 있는 마음과 지혜를 기를 기회로 삼아야겠습니다. 사실, 우리 어렸을 적의 놀이는 위험하고 과격한 것들이 많았습니다. 어린이들은 놀면서 자연스럽게 자신의 몸을 다룰 줄 알고, 환경에 적응할 수 있는 힘을 익히고 성장한다는 사실을 기억해야겠습니다.

둘째, 안전한 환경 조성입니다. 우선적으로 안전한 환경은 부모라는 존재 자체입니다. 어린이들은 부모가 곁에 있고, 함께하는 것만으로도 안정감을 느낍니다. 다음으로 위협적일 수 있는 요소들은 미리 치워두거나 필요한 조치를 해서 안전한 환경을 조성합니다.

셋째, 안전수칙과 규칙 안내입니다. 자녀가 놀이할 때 위험요소를 인지하고, 서로를 배려하며 모두의 안전을 지킬 수 있도록, 놀기 전에 간단한 교육과 안내가 필요합니다. 이때 위험요소가 무엇일지, 우리가 안전을 위해 어떻게 하면 될지 같이 생각하는 시간을 갖습니다. 나눈 내용을 놀이의 규칙에 반영하도록 합니다.

넷째, 가볍게 몸을 풀고 시작합니다. 특히 신체활동이 많거나 다소 거칠게 진행될 수 있는 놀이를 할 때는 사전에 가볍게 스트레칭을 하는 게 바람직합니다. 한 명씩 돌아가면서 특정 스트레칭 동작을 취하면 다른 사람들이 따라 하는 방식으로 편안하면서도 즐겁게 몸을 풀어봅니다.

다섯째, 적절한 놀이 재료나 기구를 고릅니다. 안전한 재료나 기구를 찾을 수 있도록 함께합니다. 우리 자녀를 가장 잘 아는 사람은 부모이기에, 여기에 제시된 내용을 무조건 따르기보다 자녀의 발달 특성과 수준에 맞는 대체재를 찾아봅니다.

맨몸으로 하는 아주 간단한 놀이가 담겨 있습니다.
너무 바빠서 짬이 나지 않을 때
단 3분만 시간을 내도 자녀와 함께할 수 있습니다.
"나중에 놀자"라는 말보다
잠깐이라도 놀고 나서 "또 놀자"라는 말을 해보세요.

1장

맨몸 놀이

텔레파시 등 돌리기

동시에 몸을 돌려서 얼굴을 마주치도록 하는 놀이입니다.

준비물: 없음

1. 두 사람이 등을 맞대고 섭니다.

2. 함께 "하나, 둘, 셋!"을 외친 다음 오른쪽이나 왼쪽으로 몸을 돌립니다.

3. 각각 오른쪽/왼쪽으로 돌아 서로의 얼굴이 마주쳤다면 마음이 통한 셈입니다. 하이파이브를 해주세요.

4. 서로의 얼굴을 마주치지 못했다면 마음이 통하지 않은 셈입니다. 이때는 "괜찮아, 괜찮아"를 외치며 격려해줍니다.

5. 약속한 횟수만큼 한 뒤에 몇 번이나 마음이 통했는지 알아보세요.

같은 놀이 다르게

1. 가족이 다 같이 둥그렇게 섭니다.
2. 함께 "하나, 둘, 셋!"을 외친 다음 오른쪽이나 왼쪽으로 얼굴을 돌립니다.
3. 모든 사람이 한 방향으로 얼굴을 돌리면 한마음이 된 것입니다.
4. 가족 모두가 한 방향을 바라볼 때까지 해봅니다.

오른쪽? 왼쪽?

야호!

텔레파시 박수치기 (1)

눈을 가리고 한 바퀴를 돈 다음 손뼉을 마주치는 텔레파시 놀이입니다.

준비물: 눈가리개

1. 두 사람이 짝을 이루어 얼굴을 마주하고 선 다음 눈가리개를 씁니다.

2. 함께 "하나, 둘, 셋!"을 외치고 제자리에서 한 바퀴를 돈 다음에 두 손을 앞으로 뻗어 짝과 손뼉을 마주쳐봅니다. 온 감각을 나와 자녀에게 집중해서 해보세요.

3. 다섯 번 시도해서 손뼉으로 텔레파시가 몇 번 통했는지 알아보세요.

tip 하나: 눈가리개를 쓰지 않고, 정직하게 눈을 감고 해도 좋아요.

tip 둘: 한 바퀴를 도는 대신 두 바퀴를 돌거나, 백조 동작을 한 채 도는 식으로 다양하게 즐겨보세요.

같은 놀이 다르게

1. 가족이 다 같이 둥그렇게 섭니다.
2. 함께 눈을 감고 제자리에서 한 바퀴 돕니다.
3. 동시에 양옆으로 팔을 뻗어 손뼉을 마주칩니다. 모든 손뼉이 마주칠 때까지 도전해봅니다.

1-3 텔레파시 박수치기 (2)

눈을 가리고 서로에게 다가가 손뼉을 마주치는 텔레파시 놀이입니다.

준비물: 눈가리개

1. 적당한 거리만큼 떨어져 서로 얼굴을 마주하고 섭니다.

2. 눈을 가린 채 "시작"을 외친 다음, 천천히 짝을 향해 걸어옵니다.

3. 짝에게 다가가다가 적절한 지점에 서서 두 손을 앞으로 뻗습니다.

4. 손뼉이 마주치면 텔레파시가 통한 셈입니다. 하이파이브를 해주세요.

tip: 혼자서는 잘할 수 없어요. 짝을 배려하면서 서로에게 집중해보세요.

같은 놀이 다르게

1. 한 사람은 눈을 뜨고 두 손을 앞으로 가볍게 뻗은 자세로 가만히 서 있습니다.

2. 반대편에 있는 사람은 눈을 감고 다가가 적절한 지점에서 짝의 손뼉을 마주치도록 두 손을 뻗습니다.

3. 역할을 바꿔서도 해봅니다. 가까운 거리에서 시작해 점점 거리를 넓혀보세요.

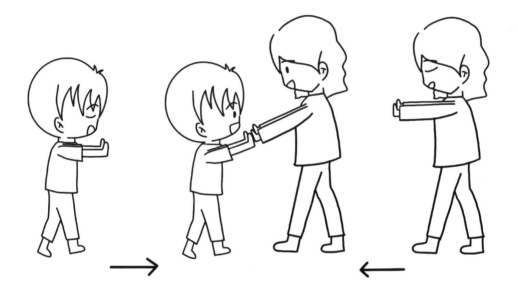

1-4 가위바위보 잡아!

가위바위보를 해서 승부가 갈리면
중앙에 놓인 물건을 먼저 잡는 놀이입니다.

준비물: 손으로 잡을 수 있는 작은 물건

1. 두 사람이 마주 보고 앉고 그 중앙에는 손으로 잡을 수 있는 물건을 놓습니다. 지우개나 작은 공이나 인형이 적절합니다. 이때 한 손은 등 뒤로 둡니다.

2. 가위바위보를 해서 만약 승부가 나면 등 뒤에 있는 손을 뻗어 재빨리 중앙에 있는 물건을 잡도록 합니다.

3. 만약, 비기면 승부가 날 때까지 가위바위보를 합니다.

4. 총 5번 해서 누가 더 많이 이기는지 알아봅니다.

같은 놀이 다르게

* 가위바위보를 해서 승부가 나면 먼저 짝을 손으로 찌르면 이기는 방식으로 할 수 있습니다. 나중에는 서로 간지럽히면서 놀이를 마무리해보세요.

다리 찢기

가위바위보의 결과에 따라 발을 차츰 뒤로 물리거나
앞으로 뻗어 승부를 가리는 놀이입니다.

준비물: 없음

1. 두 사람이 마주하여 오른발 앞코가 짝의 오른발 앞코에 닿게 서고, 자신의 남은 한 발은 오른발 뒤꿈치에 닿도록 합니다.

2. 가위바위보를 해서 이긴 사람은 오른발을 자신의 왼발 뒤꿈치에 닿게 옮깁니다. 진 사람은 오른발을 앞사람의 왼발 앞코에 닿도록 합니다.

3. 놀이를 계속하다 보면 둘 중 한 사람의 다리를 뻗는 간격이 점점 넓어지게 됩니다.

4. 둘 중 한 사람이 다리를 뻗어서 더 이상 짝에게 닿지 않는 순간이 올 때 끝납니다.

tip: 다리를 뻗을 때 상대의 손을 잡아주세요.

1-6 묵찌빠

가위바위보의 결과에 따라 이긴 사람부터 묵(바위)·찌(가위)·빠(보)로 공격을 하며, 상대편이 같은 모양을 내면 이기는 놀이입니다.

준비물: 없음

1. 먼저 가위바위보를 합니다. 승부가 나면 이긴 사람이 공격권을 가집니다.

2. 승부가 난 상태에서 묵찌빠로 바로 넘어갑니다. 공격권을 가진 사람(공격자)은 '묵, 찌, 빠' 중 하나를 외치면서 손 모양을 바꿉니다. 이때 수비하는 사람(수비자)도 동시에 손 모양을 바꿉니다.

3. 공격자와 수비자가 같은 손 모양을 내면 공격자가 이기고, 수비자가 공격자를 가위바위보로 이기면 공격권이 수비자에게 넘어갑니다. 공격자가 수비자를 이길 때는 공격자가 계속 공격을 이어갑니다.

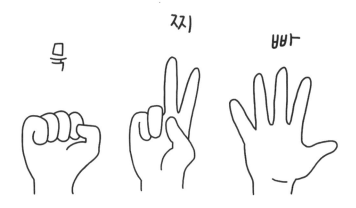

묵   찌   빠

묵찌빠 만세

묵찌빠 놀이에 이긴 사람은 빠르게 "만세"를, 진 사람은 손뼉을 칩니다.
묵찌빠의 응용 놀이입니다.

준비물: 없음

1. 둘이 짝을 이루어 묵찌빠를 합니다.

2. 승부가 나는 순간 이긴 사람은 두 팔을 들어 "만세"를 외치고, 진 사람은 손뼉을 칩니다. 자기에게 해당하는 동작을 먼저 한 사람이 이깁니다. 서로 엉뚱한 동작을 취하거나 헷갈려서 자연스럽게 웃게 됩니다.

같은 놀이 다르게

* 만세와 손뼉 대신 다른 동작을 정해서 해봅니다.
* 묵찌빠가 어려운 자녀와는 가위바위보로 하면 됩니다.

1-8 늑대와 함께 춤을

> 서로 마주서서 양손을 마주잡은 다음, 한 사람은 발을 밟아 공격하고
> 상대편은 공격을 피하는 놀이입니다.

준비물: 없음

1. 한 사람은 늑대가 되고, 다른 한 사람은 토끼가 되어 서로 양손을 잡고 마주
   섭니다.

2. 늑대가 토끼를 잡는 놀이로, 늑대는 발바닥으로 토끼의 발등을 밟고 토끼는
   발을 움직여 요리조리 피합니다.

3. 늑대가 토끼를 잡으면 역할을 바꿔서도 해보세요.

tip: 발을 밟을 때 기분이 나빠지거나 아프지 않도록 배려해주세요.

손 과녁 찌르기

먼저 상대편의 등 뒤에 있는 손바닥을 손가락으로 찌르면 이기는 놀이입니다.

준비물: 없음

1. 모두 한 손은 등 뒤로 가져가 손등을 등에 붙이고, 손바닥은 바깥을 향하게 합니다.

2. 다른 한 손은 가볍게 주먹을 쥔 상태에서 검지손가락만 앞으로 뻗어 칼 모양을 만듭니다.

3. "시작"을 외치면 내 손바닥은 지키면서 상대의 손바닥을 먼저 찌르면 이깁니다. 손바닥을 오므리거나, 손바닥이 안 보이게 벽에 붙거나, 팀끼리 등을 맞대고 서는 건 반칙입니다.

같은 놀이 다르게

* 엄마와 자녀(혹은 자녀들)가 한 팀이 되어 아빠와 2:1 형식으로 겨뤄볼 수 있습니다.
* 1:1 토너먼트 또는 팀전으로도 할 수 있습니다.

한번더!

32

1-10 누가 먼저 누울까?

가위바위보를 이기는 사람이 단계별로 바닥에 가까워지는
동작을 취하는 놀이로, 먼저 앞으로 누우면 이깁니다.

준비물: 없음

1. 두 사람이 얼굴을 마주하고 섭니다.

2. 가위바위보를 해서 이긴 사람부터 한 단계씩 신체 부위를 굽히는데, 먼저 배
   가 땅에 닿은 사람이 이깁니다.

   1단계: 무릎 굽히기

   2단계: 한쪽 무릎만 굽혀 땅에 붙이기

   3단계: 두 무릎 꿇고 앉기

   4단계: 양팔 짚고 엎드리기

   5단계: 옆으로 눕기

   6단계: 앞으로 눕기

3. 이긴 사람은 이길 때마다 한 단계씩 진화된 동작을 합니다. 먼저 앞으로 눕는
   사람이 생기면 승부가 납니다.

1   2   3   4   5

6

1-11 손가락 악수

검지손가락을 뻗어 ET처럼 서로의 손가락 끝을 맞닿게 하는 놀이입니다.

준비물: 없음

1. 시작 전에 충분히 손목도 돌려주고, 손가락도 요리조리 움직여줍니다.

2. 서로 마주보고 서서, 가볍게 오른손을 주먹 쥔 다음 검지손가락만 앞으로 뻗습니다.

3. "하나, 둘, 셋!"을 외치면서 오른손을 내밀어 검지손가락 끝끼리 닿도록 합니다.

4. 다섯 번 시도해서 몇 번이나 텔레파시가 통했는지 알아봅니다.

같은 놀이 다르게

* 눈 감고 하기, 세 바퀴 돌고 나서 하기 등의 방식으로도 즐겨보세요.

하나, 둘, 셋!

손바닥 탐정

가족 중 한 명이 탐정이 되어 어깨에 닿는 감각만으로
손바닥의 주인을 가려내는 놀이입니다.

준비물: 없음

1. 누가 먼저 탐정 역할을 할지 정합니다.

2. 탐정은 뒤로 돌아서고, 다른 사람들은 한 사람씩 "엄마야" "아빠야" "동생이
   야" 자기가 누군지 밝히면서 탐정의 한쪽 어깨에 오른쪽 손바닥을 약 5초 동
   안 올려둡니다. 탐정은 그 사람의 손바닥 감촉을 기억하도록 합니다.

3. 모든 사람의 손바닥 감촉을 기억한 뒤에는, 탐정 이외의 가족들끼리 한 사람
   을 탐정 몰래 정해서 탐정의 어깨에 5초 동안 손바닥을 올리도록 합니다.

4. 잠시 후에 탐정은 뒤를 돌아서 손바닥의 주인공이 누구인지 찾아냅니다.

5. 한 사람이 3번 정도 해보고, 역할을 바꿔서도 해봅니다.

같은 놀이 다르게

* 팀을 나누어서도 해보세요.
* 탐정이 고개를 숙이고, 다른 한 사람이 다섯 손가락 중 한 개를 짝의 목을 살짝 누르면 탐정
  이 어느 손가락이었는지 맞춰볼 수도 있습니다.

1-13 어디가 바뀌었을까?

술래가 바뀌기 전과 후의 모습을 보여주면
탐정이 달라진 점을 찾아내는 놀이입니다.

준비물: 없음

1. 술래와 탐정을 정합니다.

2. 탐정은 1분 동안 술래를 유심히 살펴봅니다.

3. 탐정이 뒤돌아 서 있고, 술래는 자신의 모습을 바꿉니다. 머리를 뒤로 넘기거
   나, 소매를 살짝 걷는 등 눈으로 알아볼 수 있게 세 곳을 바꿉니다.

4. 다 바꾸고 나면 탐정은 술래가 무엇이 달라졌는지 찾아냅니다.

5. 역할을 바꿔서도 해봅니다.

같은 놀이 다르게

* 팀으로 할 수 있습니다.
* 3명 이상이 할 경우, 한 명만 탐정이 되고 다른 사람들은 술래가 됩니다.

1-14 눈 가리고 술래잡기

경찰과 도둑을 나눈 다음, 눈을 가린 경찰이
숨어 있는 도둑들을 찾아내는 놀이입니다.

준비물: 눈가리개

1. 경찰과 도둑 역할을 정하고 경찰은 눈가리개를 합니다.

2. 경찰이 열까지 숫자를 세는 동안 도둑은 다른 곳에 숨습니다.

3. 눈가리개를 한 경찰이 숫자를 다 센 뒤에 잡으러 다니면 도둑은 제자리에서
   다른 곳으로 이동할 수 없습니다. 다만 한쪽 발을 고정하고 다른 한쪽 발만
   움직여서 몸을 피할 수 있습니다.

4. 잡힌 사람이 술래가 됩니다.

tip 하나: 사전에 위험한 물건은 치워두고, 숨는 구역은 미리 정해둡니다.

tip 둘: 위에서 뛰어내리거나, 뛰어다니면 위험할 수 있으니 모두 걸어다니도록 합니다.

1, 2, 3, 4 숨바꼭질

숨는 사람이 1·2·3·4로 지정해둔 모퉁이에 숨으면,
어느 모퉁이에 숨어 있는지를 술래가 손가락을 가리켜 찾는 놀이입니다.

준비물: 눈가리개

1. 아빠가 눈가리개를 하고 숫자를 세는 동안 자녀는 들키지 않도록 지정해둔 네 개의 모퉁이 중 한 곳으로 살금살금 이동합니다. 네 모퉁이마다 혼선을 줄이기 위해 1, 2, 3, 4번 식으로 번호를 부여하면 좋습니다.

2. 약속한 숫자를 다 센 뒤에 아빠는 번호를 외치면서 해당 번호의 위치에 손가락을 가리키며 눈가리개를 풉니다. 가리킨 곳에 자녀가 있으면 술래를 바꿉니다.

3. 가족이 다 같이 할 때는 마지막 한 사람이 남을 때까지 하고, 그 사람이 새로운 술래가 됩니다. 술래가 숫자를 다 세고 난 뒤에는 자리를 이동할 수 없습니다.

같은 놀이 다르게

* 마지막 남은 사람이 세 번 연속 걸리지 않으면 모두가 살아남는 규칙을 추가해서 즐겨보세요.

1-16 몇 개게?

일정 개수의 손가락을 편 다음 눈앞에서 빠르게 흔들어
상대가 손가락이 몇 개였는지 맞추도록 하는 놀이입니다.

준비물: 없음

1. 아빠는 한 손을 등 뒤로 숨기고, 문제의 정답만큼 손가락을 폅니다.

2. 아빠가 자녀의 눈앞에서 빠른 속도로 손가락을 자유롭게 춤추듯이 흔들다가 다시 등 뒤로 재빨리 손을 숨깁니다.

3. 자녀는 손가락이 몇 개였는지 알아맞힙니다.

4. 이런 식으로 몇 번 해보고, 역할을 바꿔서도 해봅니다.

tip : 아빠가 먼저 동작을 크게 해서 시범을 보이면 자녀들이 더 재밌게 놀이에 빠져듭니다.

같은 놀이 다르게

* 두 손을 다 이용해서 할 수도 있습니다.

1-17 징검다리 가위바위보

가위바위보로 이길 때마다 한 걸음씩 징검다리를 건너
반대편 목적지까지 가는 놀이입니다.

준비물: 없음

1. 거실 한쪽 끝에 나란히 서서 가위바위보를 합니다.

2. 이긴 사람은 다리를 한 걸음 앞으로 뻗어 닿을 수 있는 물건을 밟습니다. 물
   건이 곧 징검다리인 셈입니다.

3. 같은 방식으로 다시 가위바위보를 해서 이긴 사람은 반대편 목적지를 향
   해 다음 징검다리로 이동합니다.

4. 먼저 목적지까지 이동한 사람이 이깁니다.

tip : 바닥에 그림책을 곳곳에 놓아 징검다리로 활용할 수 있어요.

1-18 어느 손가락일까?

어떤 손가락으로 도장을 찍었는지 알아맞히는 놀이입니다.

준비물: 없음

1. 탐정 역할을 할 사람을 정합니다.

2. 탐정이 고개를 숙이면 다른 사람은 다섯 손가락 중 한 손가락으로 탐정의 목을 꾹 누릅니다.

3. 탐정은 상대가 어떤 손가락으로 눌렀는지 알아맞힙니다.

4. 다섯 번 중에 몇 번을 알아맞히는지 세어봅시다.

5. 역할을 바꿔서도 해봅니다.

tip : 한번 누를 때 3초 정도 지그시 누르도록 해요.

1-19 텔레파시 가위바위보

서로의 생각을 읽고 난 뒤에 가위바위보를 해서
같은 것을 내는 놀이입니다.

준비물: 없음

1. 둘이 짝을 이루어 서로를 바라보며 짝의 생각을 읽습니다.

2. 준비되면 가위바위보를 해서 같은 것을 내도록 합니다.

3. 다섯 번 해서 몇 번 정도 텔레파시가 통했는지 알아봅니다.

tip 하나 : 가위바위보를 하기 전에 서로의 생각을 읽는 동작을 곁들이면 더욱 재밌어요.

tip 둘 : 이기고 지는 승부가 아닌 같은 것을 내는 방식으로 하면 마음이 통하는 기쁨과 재미
를 누릴 수 있어요.

같은 놀이 다르게

* 온 가족이 한마음이 되어 같은 것을 내는 방식으로 가위바위보를 해봅니다.

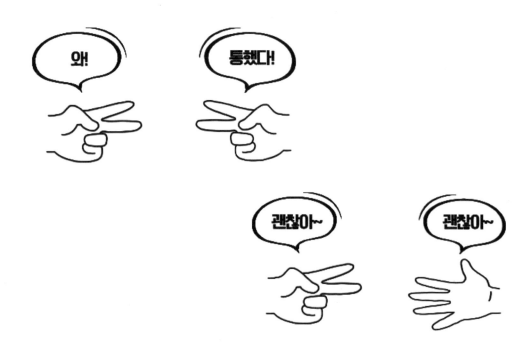

이야기 하나. 가족

열쇠 삼촌은 이 땅의 어린이들이 행복하고 평화로운 세상을 누리고, 더불어 만들어가는 '파란 나라'의 주체이자 주인공으로 자라가길 꿈꾸어요. 열쇠 삼촌은 행복을 경험한 어린이가 행복을 누릴 줄도 알고 나눌 줄도 안다고 믿거든요. 어린 시절 행복과 평화를 경험하고 훈련하는 가장 작은 세상이자 중요한 일상의 무대가 바로 가족이죠. 가족과 관련된 한 가지 이야기를 나눌게요.

1
열쇠 삼촌은 아동보호전문기관과 협력하여 꽤 여러 해 동안 학대아동을 위한 정서지원 캠프를 기획하고 진행했었어요. 그때 있었던 일화를 들려줄게요. 참고로, 그 캠프에는 부모로부터 마땅히 보호받고, 사랑받아야 하지만 오히려 부모에게서 학대를 받은 아이들이 대부분이었죠.

'경청 보물찾기'라는 활동을 할 때였어요. 이 활동은 눈가리개를 한 짝이 보물을 잘 찾아갈 수 있도록 다른 짝이 멀찍이 떨어진 곳에서 목소리만으로 안내하는 비경쟁협동놀이에요. 자신의 보물을 말하고, 짝의 보물을 받아 적는 아이들의 모습이 사뭇 진지했어요. 각자의 보물 1호가 적힌 포스트잇들이 벽에 붙은 것을 보는 순간 삼촌은 많이 놀랐어요. 한 명도 아니고 거의 모든 아이들이 같은 단어를 적었거든요.

'가족'

뒤통수를 맞은 기분이었어요. 거짓말 같았어요. 가슴이 저릿해지는 아픔이 밀려왔지요. 마땅히 사랑받아야 할 부모로부터 오히려 학대를 받아온 현장이 자신의 보물 1호라니! 믿기 힘들었어요. 가족에게 상처를 받았지만 어린이들에게 가장 필요하고 소중한 보금자리는 결국 '가족'임을 확인할 수 있었어요.

2
이 어린이들과 헤어지는 일은 늘 쉽지는 않아요. 학대 아동들과 캠프를 하다 보면 많은 아이들이 호소하곤 하죠.

"집에 가기 싫어요."

일반 캠프에서 어린이들이 말하는 "집에 가기 싫어요"처럼 단순히 이곳이 너무 좋고 행복해서 더 머물고 싶은 마음만 담겨 있지 않아요. 집에 가면 스트레스 받고, 또 가정 안에서 괴롭힘을 당할 것이 힘들고 싫어서 울먹이며 호소를 하는 거예요. 그 때문인지 언젠가부터 그 말은 열쇠 삼촌에게 아픔으로 다가왔어요.

'경청 보물찾기' 활동을 한 다른 모둠의 포스트잇들도 눈에 들어왔어요. 거기에는 보물 1호로 이번 캠프에서 만난 모둠 친구들의 이름들이 한 명씩 적혀 있는 쪽지도 있었어요. 이번 캠프가 이 어린이에게는 단순히 즐거움을 넘어 새로운 친구들과 소중한 만남을 가져다준 시간이었음을 짐작할 수 있는 고마운 쪽지였어요. 어떤 쪽지에는 이렇게도 적혀 있었어요.

'지금, 이 순간'

3

이 쪽지를 마주하자마자 또 눈물이 핑 돌았어요. 참 주책맞지만 어쩔 수 없었어요. 이제 또 일상으로 돌아가 각자 삶의 자리에서 하루하루를 이겨내고 만들어 갈 우리 어린이들이 떠올랐어요.

부디 이 땅의 모든 어린이들이 집을 가장 행복한 곳으로 여기고, 가장 행복한 순간이 '가족과 함께하는 지금 이 순간'이 되며, 보물 1호인 '가족'이 소중하게 지켜지길 소망하게 돼요. 그러기 위해서는 우리 집부터 안전하고, 즐겁고, 행복한 곳으로 만들어야겠다고 다짐하지요. 우리 아이들에게 우리 집은 어떤 곳일까요?

생텍쥐페리가 쓴 《어린 왕자》에는 진짜 아름답고 소중한 것은 가게에서 살 수 없다는 말이 나와요. '가족'이 바로 그렇지 않나요? 열쇠 삼촌은 가끔 신이 사람들에게 '파란 나라'를 꿈꿀 수 있도록 가족이라는 선물을 주셨다는 생각이 들어요. 우리 모두 행복하고 평화로운 '보물 1호'인 가족을 가꾸어 갈 바라는 마음이에요.

이야기 둘. 엄마들이 들려준 놀이 이야기

1

한 마을 주민자치센터에서 열렸던 스마트놀이지도자 양성 과정에서 엄마들과 주 1회씩 8주의 만남을 가진 적이 있어요. 누구도 마을의 놀이운동가랄지, 마을 놀이동아리 구성이라는 거창한 목표를 가지고 참여한 이들은 거의 없었지요.

자녀 키우는 데 도움이 될 만한 게 있을까 하고 참여한 분들이 대부분이었어요. 4주를 만나기로 한 모임이 우연한 기회와 모두의 뜻이 모여 8주 모임이 되었고, 과정을 모두 마친 후 우리는 이 만남이 어떤 의미였는지 나누는 시간을 가졌답니다.

2
이미 이들의 일상과 문화에 조금씩 변화가 일어나고 있었죠. 또한 엄마들이 그 변화의 주체가 되고, 촉진자가 되었음을 느낄 수 있었어요. 엄마의 힘이에요. 자녀에게, 자녀의 친구들에게, 동호회에서, 또 동네 놀이터에서, 자녀를 통해 학교와 교회에서, 그 외에도 여러 일상의 현장에서 실천이 이루어진 이야기들, 거기서 오는 기쁨과 보람을 풍성하게 나누어주었어요.

무엇보다 놀이에 참여해본 엄마들은 기쁨을 느끼고, 성찰을 통해 인식과 태도가 달라져 있었어요. 사실, 놀이는 내가 스스로 하는 것이기에 강사인 열쇠 삼촌이 한 일이 아니에요. 엄마 스스로 힘으로 한 일이죠.

3
놀 줄 모르는 엄마에서 놀 줄 아는 엄마로, 놀아주는 엄마에서 같이 놀이하는 엄마로, 아이들이 기다리는 엄마로, 내 아이가 아닌 다른 아이도 품어야겠다고 용기를 내는 엄마로, 할 수 있다는 자신감에 찬 엄마로, 무엇보다 "저기 가서 놀아"가 아니라 "같이 놀자"라고 하는 엄마가 된 자신을 나누어주었어요. 잠깐 엄마들이 나눈 소감을 공유할게요.

"이제 아이들과 집에서 함께하는 걸 무서워하지 않게 됐어요."
"우리 아이들이 엄마랑 놀고 싶어 해요."
"집에 오자마자 오늘은 뭐 배워왔냐고 물어봐요."
"온 가족이 행복한 시간을 보냈어요."
"제가 스스로 즐겁게 놀고, 힐링되는 시간이었어요."
"얼마 만에 이렇게 웃어봤는지 모르겠어요."
"우리 아이를 어떻게 대해야 할지 생각해볼 수 있었어요."
"놀이에 대해 새롭게 이해하는 시간이 됐어요."
"아이가 집에서 했던 놀이를 학교 친구들과 하면서 재밌게 놀았대요."

"배운 놀이를 빨리 다른 곳에서 해보고 싶어요."
"육아를 버티고 때우는 것이 아니라 유쾌하고 의미 있게 할 수 있게 됐어요."
"함께 배운 놀이를 활용해서 봉사하는 시간을 갖고 싶어졌어요."

4
가정이라는 가장 작은 마을에서 시작되는 변화. 그 변화의 한 축에 놀이가 있었음을, 스스로 변화하고자 하는 엄마라는 존재가 있었음을 확인할 수 있었어요. 시작이 반이잖아요? 잘하려고 하지 말고, 일단 같이 놀아보는 거예요.

같이 놀다 보면 길이 조금씩 보여요. 진심으로 응원해요. 내가 닿을 수 있는 곳까지 같이 걸어가고 싶어요. 혼자 하려면 할 수 없는 일도, 같이하면 할 수 있다고 믿어요.

이야기 셋. 가장 재밌는 놀이

열쇠 삼촌이 담당했던 메아리 학교라는 자연 놀이터의
가족 프로그램에서 있었던 이야기예요.

오후 학부모 모임을 마치고
'놀이로 떠나는 메아리 가족 탐험' 활동이 있었어요.
활동을 마친 후 돌아다니던 지민이(가명)를 만난 쑥 선생님이 물었어요.

"지민아, 오늘 재밌었어?"
"네, 재밌었어요."
"무엇이 가장 재밌었니?"
"아빠랑 엄마랑 함께 논 게 가장 재밌었어요."
"그랬구나. 어떤 놀이하고 놀았어?"
"돌 세워두고 발에 돌 올려서 이렇게, 이렇게 했어요."
 (직접 시범을 보여주면서)
"아, 비석치기 했구나."
"네."
"그게 그렇게 재밌었어?"

지민이는 연신 웃으며 대답했어요.
"네, 되게 재밌었어요."
'놀이로 떠나는 메아리 가족 탐험' 활동 중에
엄마, 아빠가 어릴 적 했던 놀이를 자녀에게 소개하여
함께해보는 놀이 꼭지가 있었어요.

지민이네는 '비석치기'를 했나 봐요.
지민이는 아빠와 엄마랑 얼마나 행복했을까요.

지민이의 말을 통해 다시 한 번 확인할 수 있었어요.
자녀들에게 가장 재밌고 행복한 놀이는
세련되고 값비싼 놀이가 아니라
부모와 함께하는 시간, 부모의 존재 그 자체라는 사실을요.

자녀들은 부모의 놀이 기술이 아닌 부모의 마음과 함께 놀아요.
부모의 그 마음과 놀 때, 무엇을 하든지 최고의 놀이가 돼요.

반대로, 아이들은 아빠랑 엄마가
나와 진짜 노는지, 아니면 노는 척하는지도 다 알아요.
단 1분을 놀아도
자녀들과 나도 즐겁고, 아이도 즐겁게 진심으로 놀면 좋겠어요.

종이, 상자, 가위, 풀, 상자, 테이프 등
쉽게 구할 수 있는 재료로
직접 놀잇감을 만들어서 즐기는 놀이가 담겨 있습니다.
자녀가 자기 방법대로 표현하고
만들어볼 수 있도록 다양한 재료를 준비해주고 독려해주세요.
그리고 자녀와 함께 만들어보세요.

2장
직접 만들어서 즐기는 놀이

구멍에 쏙쏙 (1)

종이상자에 구멍을 뚫은 다음 콩주머니를 던져 넣는 놀이입니다.

준비물: 종이상자, 콩주머니, 책, 테이프, 칼 또는 가위

1. 그림과 같이 종이상자의 바닥 면이 보이도록 뒤집어서 적절한 곳에 콩주머니보다 1.5배 정도 되는 큰 구멍을 만듭니다.

2. 상자 뒤쪽에는 책을 놓아 상자가 살짝 기울어지게 합니다.

3. 콩주머니를 던져 상자 위에 올리면 10점, 구멍에 넣으면 30점으로 하여 한 사람당 5개씩 던집니다.

4. 5개를 던지고 난 뒤에 점수를 합산하여 기록을 알아봅니다.

같은 놀이 다르게

* 상자를 2개 제작한 다음, 서로 반대편에 서서 교대로 상대편의 앞에 놓인 상자에 콩주머니를 던지는 방식으로 할 수 있습니다.
* 팀으로도 즐길 수 있습니다.

2-2 구멍에 쏙쏙 (2)

종이상자에 다양한 크기의 구멍을 여러 개 만든 다음
콩주머니를 던져 넣는 놀이입니다.

준비물: 종이상자, 콩주머니, 책, 테이프, 칼 또는 가위

1. 면적이 각각 다른 종이상자를 2-3개 붙여서 충분한 면적이 되도록 만듭니다.

2. 구멍에 쏙쏙 1(2-1)과 달리 구멍을 여러 개 만듭니다.

3. 상자 뒤쪽에는 책을 놓아 상자가 살짝 기울어지게 합니다.

4. 구멍의 크기와 위치마다 점수를 다르게 매겨서 구멍 앞에 점수를 적어둡니다.

5. 구멍에 쏙쏙 1(2-1)과 같은 방식으로 하여 기록을 알아봅니다.

구멍에 쏙쏙 (3)

다양한 크기의 종이상자를 붙여 만든 3층짜리 골대에
신문지 공을 던져 넣는 놀이입니다.

준비물: 크기가 다른 종이상자 9개, 테이프, 신문지

1. 그림처럼 크기가 다른 작은 상자 9개를 붙여서 3층 탑 모양으로 세웁니다.

2. 작은 상자일수록 구멍에다 높은 점수를 적어두고, 가족들은 입구가 열려 있는 방향을 마주하고 섭니다.

3. 첫 번째 사람부터 신문지로 만든 공을 다섯 개씩 던져서 들어간 상자에 해당하는 점수들을 합산합니다.

4. 같은 방식으로 마지막 사람까지 합니다.

5. 가장 높은 점수를 얻는 사람을 축하하고, 서로에게 박수를 보냅니다.

같은 놀이 다르게

* 팀을 나누어 겨루어봅니다.
* 자녀와 다양한 모양으로 탑을 만들어 즐길 수 있습니다.
* 신문지 공을 많이 만들어서 30초 동안 얼마나 많이 넣었는지 알아보는 식으로 할 수 있습니다.

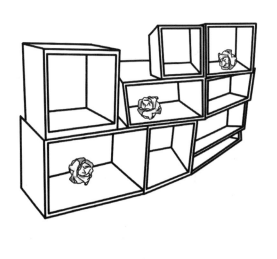

2-4 신문지 돌싸움

신문지 공을 던져 30초가 다 지났을 때,
상대 진영에 신문지 공이 더 많으면 이기는 놀이입니다.

준비물: 신문지

1. 네트가 될 만한 물건을 중앙에 놓습니다.

2. 각자 자기 진영에서 3분 정도 신문지로 주먹 크기의 공을 충분히 만들도록
   합니다.

3. 시작을 외치면 정해진 시간 동안 자기 진영의 공을 최대한 많이 상대편 진영
   으로 넘깁니다.

4. 시간이 다 되면 어느 진영의 공이 더 적은지 알아봅시다.

tip 하나: 다치거나 아플 수 있으니 신문지 공으로 상대를 맞히지 않도록 합니다.

tip 둘: 보통 30초를 1세트로 하여 3세트 또는 5세트로 즐겨봅니다.

같은 놀이 다르게

* 먼저, '그만'을 외치는 사람이 나올 때까지 할 수도 있습니다.
* 놀이를 다 마치면 누가 가장 많이 신문지를 모으는지 알아보는 식으로 정리까지도 놀이로 해
  보세요.

태풍의 눈

아빠가 머리 위에서 돌리는 줄을 피해 아빠의 밑으로 들어왔다가
다시 줄 밖으로 탈출하는 놀이입니다.

준비물: 줄, 양말, 공

1. 그림처럼 작은 탱탱볼을 긴 양말에 넣고, 양말 끝부분을 1m 정도 되는 밧줄로 단단히 묶어서 놀이기구를 제작합니다.

2. 아빠가 머리 위에서 줄을 돌려주면 자녀는 밖에 있다가 재빨리 줄에 맞지 않고 아빠 곁으로 가서 앉습니다.

3. 같은 방식으로 마지막 사람까지 아빠 밑으로 들어오면 이젠 반대로 한 명씩 줄에 맞지 않고 밖으로 나가야 합니다.

4. 한 명도 줄에 맞지 않고 나가면 성공입니다. 만약 중간에 한 명이라도 줄에 맞는 사람이 생기면 처음부터 다시 도전합니다.

같은 놀이 다르게

* 4인 가족의 경우, 1명씩 도전해서 성공했다면 다음에는 3명이 함께 손을 잡고 도전해봅니다.
* 아빠가 속도를 더 빨리하거나, 자세를 낮춰서 줄을 돌리는 식으로 도전 수준을 높일 수 있습니다.

신문지 투호

일정한 거리를 두고 통을 놓은 다음, 신문지로 만든
화살을 던져 통에 넣는 놀이입니다.

준비물: 신문지, 통, 테이프

1. 통의 높이보다 조금 길게 하여 신문지를 말아서 화살을 제작합니다.

2. 한 사람당 열 개씩 화살을 던져 통에 넣습니다.

3. 가장 높은 점수를 얻은 사람을 축하해줍니다.

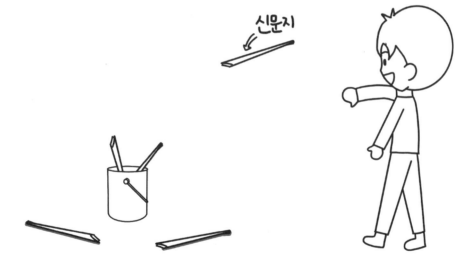

신문지

같은 놀이 다르게

* 한 세트에 한 사람당 다섯 개씩 던지고, 3세트 또는 5세트를 해서 승부를 가려봅니다.
* 신문지 대신 나무젓가락으로 할 수도 있습니다.

스쿠프

큰 종이컵을 비스듬히 잘라 만든 스쿠프로 작은 공을 주고받는 놀이입니다.

준비물: 종이컵(대), 탁구공 또는 소형 스펀지볼, 칼 또는 가위

1. 종이컵(대)의 위쪽(구멍이 뚫린 부분)을 비스듬히 잘라서 그림처럼 종이컵 스쿠프를 만듭니다.

2. 두 사람이 마주하고 서서 탁구공이나 스펀지볼 같은 작은 공을 스쿠프로 주고받습니다.

3. 공을 떨어뜨리지 않고 목표한 횟수만큼 연속으로 공을 주고받아봅니다.

tip: 페트병을 잘라서 만들 수도 있습니다. 자른 면에 손이 베이지 않게 테이핑 처리를 하는 게 좋습니다.

같은 놀이 다르게

* 가까운 거리에서 시작해 점점 거리를 넓혀 도전해봅니다.
* 목표 없이 자유롭게 주고받는 형식으로 할 수도 있습니다.

2-8 막대기 고리 걸기

상대편이 들고 있는 막대기를 향해 고리를 던져 끼우는 놀이입니다.

준비물: 막대기, 고리

1. 먼저, 종이 접시 테두리 안쪽을 칼로 잘라내어 고리를 만듭니다.

2. 막대기가 따로 없다면 신문지를 말아서 긴 막대기를 제작합니다.

3. 한 사람은 막대기를, 다른 한 사람은 고리를 잡고 섭니다.

4. 한 사람이 고리를 던지면, 다른 한 사람은 막대기에 고리가 쏙 들어가도록 받습니다.

5. 열 개를 던져 최대 몇 개까지 고리를 받는지 알아봅니다.

6. 역할을 바꿔서도 해봅니다.

tip: 종이 접시 대신 상자로도 고리를 만들 수 있어요.

같은 놀이 다르게

* 막대기 대신 종이컵을 바닥에 놓습니다.
* 고리를 던져 종이컵에 쏙 들어가도록 합니다.

쥐구멍 구슬 넣기

종이상자에 쥐구멍을 내서 구슬을 굴려 넣는 놀이입니다.

준비물: 종이상자, 구슬, 칼 또는 가위

1. 종이상자에 적당한 크기로 칼이나 가위를 이용해 쥐구멍을 만듭니다.

2. 벽 끝에 상자 터널을 놓고, 한 사람당 구슬을 열 개씩 굴려 터널에 넣도록 합니다.

3. 누가 가장 많이 넣었는지 겨루어봅니다.

같은 놀이 다르게

* 팀을 이뤄서도 하고, 구멍을 더 작게 만들어서도 해봅니다.
* 손으로 튕기거나, 입으로 부는 등 구슬을 굴리는 방식도 다양하게 할 수 있습니다.

2-10 비밀 기지 만들기

집 안에 있는 물건과 공간을 활용해 나만의 기지를 만드는 놀이입니다.

준비물: 집 안에 있는 잡동사니

1. 의자, 방석, 이불, 책상 등을 이용해 자신만의 비밀 기지를 만듭니다.

2. 비밀 기지를 인형이나 카드 등 자신이 아끼는 물건으로 꾸며봅니다.

3. 다 만든 뒤에는 가족들을 초대해 구경도 시켜주고 소개도 해줍니다.

tip: 어린이들은 자신의 비밀 공간을 만들고 꾸미며 이야기 세계를 창조하곤 하지요.

같은 놀이 다르게

* 기지 만들기와 비슷하게 원시인 캠핑처럼 텐트 만들기와 같은 놀이를 할 수도 있습니다.

미로 탈출하기

상자를 움직여 구슬을 이동시키는 방식으로
설계된 미로를 탈출시키는 놀이입니다.

준비물: 구슬, 목공풀/접착제, 종이상자, 펜

1. 먼저, 상자에 미로 설계도를 구상하고 펜으로 그립니다.

2. 목공풀로 선을 따라 나무젓가락을 붙여서 미로를 만듭니다.

3. 미로 판이 다 만들어지면 한 사람씩 순서대로 미로 탈출을 시도합니다.

4. 구슬을 손으로 잡을 수 없으며 미로 판을 잡고 움직이는 방식으로 구슬을 이
   동시켜 출구를 빠져나와야 합니다.

5. 얼마나 빨리 탈출했는지 시간을 재어봅시다.

tip 하나: 자녀가 직접 미로를 설계하고 제작해볼 수 있도록 도와주세요.

tip 둘: 미로 예시를 보여주면 자녀의 미로 설계를 촉진할 수 있어요.

tip 셋: 나무젓가락 대신 종이 상자를 잘라서 미로를 제작할 수 있어요.

이야기 하나. 놀잇감 만드는 재료

1
어느 아침 출근길, 아이들이 하나둘
비슷한 무언가를 들고 가는 모습이 눈에 들어왔습니다.
완구점에서 판매하는 조립형 모형 행글라이더,
그 모양들이 어찌나 비슷하던지요.

거기에는 아이들의 개성이 담겨 있지 않았습니다.
자기다운 표현이 보이지 않았습니다.
차라리 자기만의 비행기를 만들어 오는 숙제였다면
어땠을까 하는 생각이 들었습니다.

2
아이들에게는 창조의 본능이 있습니다.
이미 만들어진 완제품이 아닌
무엇이든 될 수 있고, 만들 수 있는 재료를 안겨주어
자기만의 창조적인 세계를 표현하고, 만들어갈 수 있도록
그 기회를 안겨주어야 합니다.

돈과 편리 속에서 아이들이 감춰지고,
자기 세계를 상실하도록 두지 않아야겠습니다.

아이들 곁에 완제품이 아닌
종이, 상자, 테이프, 계란판과 같은 재료를 두는 일은
아이들에게 있어 자유와 창조의 본능을 발휘하게 만들고
즐거운 자기 세계를 만들어가는 힘을 기르는
기회와 환경을 선물해주는 일입니다.

3
아이들에게 종이상자 하나만 있어도
원반이 되고, 집도 되고, 터널과 썰매가 되는 등

상상하는 무엇이든 될 수 있는 놀이 세계를 돌려주고 싶습니다.

신문지만 있어도 무엇이든지 원하는 걸 만들어
형제 및 친구들과 함께
행복하게 놀았던 그 시절의 힘을 돌려주고 싶습니다.

시중에 판매하는 비싼 장난감 완제품을 사주기보다
우리 주변에 있는 재료로 자신의 손때가 묻은 놀잇감을
직접 만들어볼 수 있도록 하는 것 역시,
최고의 놀이 중 하나라고 믿습니다.

둘째 아들이 같이 놀 때
"이렇게 하는 건 어때?", "내가 만들게"라는 말을 하곤 하는데
아들에게서 이 말이 사라지지 않도록 지켜주고 싶습니다.

이야기 둘. 내 보물 상자

1
'우리 엄마도 놀이 달인'이라는 수업 과정을 통해
한 주민자치센터에서 마을의 엄마들과 만났을 때
한 엄마가 들려주신 이야기입니다.

가족 놀이를 주제로 한 세 번째 만남,
이제 제법 가족 안에서
놀이를 통한 이야기들이 풍성해지던 때였습니다.

오늘은 엄마가 어떤 놀이를 배워올지
기대하면서 기다리는 아이의 이야기부터
친구들을 집으로 불러서 배운 놀이를 활용하여 같이 놀고,
또 학교에서 놀이 전파자로 활동하고 있는 이야기 등
다채로운 이야기들이 오갔습니다.

어떤 분은 가는 곳마다
함께했던 주사위 놀이를 전파하면서
전 연령에 걸쳐 좋아하지 않는 사람이 없었다는
경험담을 꺼내기도 합니다.
놀이라는 게, 사실 그렇습니다.

한 테드(TED) 강의에서 말하길,
어떤 운동이 시작되는 것의 여부는
추종자(follower)의 태도와 참여에 달려 있다는
내용의 영상을 본 적이 있는데
공감하는 부분입니다.

나는 내가 노는 것이고
그 놀이에 참여해 함께 노는 것은
네가 노는 것이고 네가 같이 놀 때 운동이 되는 것입니다.

2
모임이 끝날 무렵
한 엄마가 지난 주말에 있었던 이야기를 들려주었습니다.

두 번째 만남 때 배웠던 계란판 농구를
아이들과 집에서 즐겁게 했답니다.

다른 집들도 마찬가지였습니다.
집에 찾아보니 계란판이 없어 놀려고 계란을
사기도 했더라고요.

하루는 엄마가 아빠의 배구 동호회에 따라가면서
아이들에게 놀 거리를 챙겨가라고 하자
계란판을 찾더랍니다.
그런데 계란판이 안 보이는 것입니다.
큰일이 벌어졌습니다.

내 보물 상자에 분명히 뒀는데 갑자기 사라졌다고
울상이 되어 난리가 난 것입니다.

계속 찾아도 안 보여서,
혹시나 할아버지에게 물어보니
쓰레기인 줄 알고 버리셨다고 합니다.

청천벽력 같은 소리.
아이가 순식간에 "할아버지, 내 보물이란 말이야!"라며
엉엉 우는 게 아니겠어요?

할아버지가 부랴부랴 분리수거장에 가서
샅샅이 뒤져 다시 가져오시고
아이는 다시 밝아져선 계란판을 꼭 챙겨가더랍니다.

평소 거들떠보지도 않았던
쓰레기가 보물이 되어 있었습니다.

놀고 나니까
쓰레기에 지나지 않았던 계란판이
평소엔 관심조차 두지 않았던 계란판이
내 보물이 되어 있었습니다.

놀이하는 동안 아이와 계란판과의 만남이 이루어졌고,
소중한 관계를 맺었습니다.
평소와 다른 만남의 세계로 들어간 것입니다.

3
우리 어릴 적에 다들
그런 기억 하나쯤 있지 않았나요?
저도 각양각색의 딱지를 만들어서
상자에 담아

나만의 장소에 숨겨두듯이 보관했던 기억이 있습니다.

나의 온갖 놀잇감을 담아두었던 놀이 상자는
날 행복하게 해주었던 보물 상자였습니다.

우리 자녀들에게
그 보물 상자를 하나쯤 가질 수 있도록
관심을 가져보면 좋겠습니다.

우리 아이의 행복 열쇠 중 하나이니까요.

이야기 셋. 미로 설계자

1
6살 때부터인가 요한이 스스로 제작해 즐기던 미로 놀이,
2학년이 된 요즘에 다시 유행하는 모양입니다.
어제 저녁에 4단으로 연결된 세계의 미로 놀이 설계를
마치고는 아빠를 불렀어요.

작품을 만드는 장인의 모습을 요한이에게서 봤답니다.
어려운 법 하나 없이 슥슥 그리더니 완성입니다.
누구를 위한 것도 아니고 그저 자기가 재밌어서 하는 일이니
표현하는 게 마냥 즐거운 붓칠입니다.

2
요한이는 아빠에게 잠시 보여주며 설명을 마치고는
직접 자신이 설계한 미로 놀이에 들어갔어요.

"영미~ 영미, 영미, 영미~"
스스로 흥을 내고 독려하면서 미로를 빠져나갑니다.
또 다른 자기 추임새도 만들기도 했어요.

"미미, 미미~"

평창 갈릭걸스, 팀킴의 컬링 열기가
우리 집 안방까지 찾아와 있는 현장을 목격했습니다.

3
미로를 탈출해보겠다고 지켜보라던 아들.
경기를 셀프 중계하면서 놀이를 시작했습니다.

길을 따라가다가 대왕 보스를 만났어요.
칼자루를 쥐고 대결을 해서 이겼습니다.
이겼으니 순순히 길을 터주어
제가 갈 곳인 지름길로 직행!

그런데 이거 어쩌나,
설계자가 자기가 만든 블랙홀에 빠져
처음으로 돌아갔습니다. 아빠는 웃음이 터지고 말았어요.
아무렇지 않게 자기 자신에게 위기와 도전을 부여합니다.
더 재밌으려고 그러나봅니다.

포기하지 않고 다시 시작하여
목적지에 다다를 즈음,
마지막으로 좀비와 일전을 벌입니다.
좀비를 입으로 이기면서 끝! 성공!

오늘 요한이가 아침에 친구들과 논다고 학교에 가져갔습니다.
과연, 요한이만의 놀이 세계를
다른 친구들은 어떻게 받아들일까요.
친구들과 어떤 시간을 보냈을까 궁금합니다.

2018. 3. 7. 아빠의 일기.

탁구공, 줄, 종이컵, 계란판, 공과 같은
간단한 소품과 재료로 즐기는 놀이가 담겨 있습니다.
놀다 보면 자녀들이 기존의 놀이를 응용하거나
자기만의 새로운 놀이를 창조하여
즐기는 모습을 발견하게 될 것입니다.
우리 집만의 놀이 상자를 만들어보세요.

3장

간단한 재료로
즐기는 놀이

3-1 지우개를 떨어뜨려라

아빠의 숟가락 위에 놓인 물건을
자녀가 숟가락으로 쳐서 떨어트리는 놀이입니다.

준비물: 플라스틱 숟가락 2개, 지우개

1. 아빠와 자녀는 각각 한 손에 플라스틱 숟가락을 잡고 섭니다.

2. 아빠의 숟가락 위에는 지우개를 올려둡니다.

3. 시작과 함께 아빠는 숟가락 위에 있는 지우개를 지키고, 자녀는 숟가락으로
   쳐서 지우개를 떨어뜨립니다.

4. 역할을 바꿔서도 해봅니다.

tip: 지우개 말고 탁구공 같은 작은 물건을 올려두어도 좋습니다.

숟가락 칼싸움

숟가락과 젓가락을 각각 한 손에 쥔 다음, 숟가락 위에 놓인 물건을 지키면서 젓가락으로는 상대편의 숟가락을 쳐서 떨어트리는 놀이입니다.

준비물: 플라스틱 숟가락, 나무젓가락, 지우개

1. 한 손에는 플라스틱 숟가락을, 다른 한 손에는 나무젓가락을 잡고 섭니다.

2. 숟가락의 끝부분을 잡고, 숟가락 위에는 지우개를 올려둡니다.

3. 시작과 함께 자신의 숟가락 위에 있는 지우개는 지키고, 젓가락은 상대의 숟가락을 쳐서 지우개를 떨어뜨립니다.

tip 하나: 자녀에 따라 균형을 위해 숟가락 받침 가까운 부위를 잡아도 좋으며, 숟가락 대신 국자를 사용해도 좋습니다.

tip 둘: 숟가락 칼싸움을 하기 전에 숟가락 위에 지우개를 올려둔 채 돌아다니거나, 숟가락 릴레이 경주를 통해 숟가락 균형 잡기를 해봐도 좋습니다.

tip 셋: 젓가락으로 상대의 얼굴을 찌르지 않도록 사전에 위험요소에 대해 나누고 서로 배려하도록 합니다.

같은 놀이 다르게

* 아빠를 상대로 자녀가 합심하여 겨루는 방식으로 할 수도 있습니다. 가족의 형태에 따라 다양한 방법으로 해보세요.

* 형평성을 위해 아빠는 떨어지기 쉬운 탁구공을 올리고, 자녀들은 공깃돌이나 지우개처럼 안정감 있는 물건을 올려서도 할 수 있습니다.

3-3 손 칼싸움

손등 위에 놓은 지우개를 지키면서
상대편의 지우개를 떨어트리는 놀이입니다.

준비물: 지우개나 공깃돌 같은 작은 물건

1. 한쪽 손은 손등을 위로 향하도록 해서 지우개를 올리고, 다른 한 손은 손바닥을 위로 향하도록 해서 손칼을 만듭니다.

2. 서로 마주보고 서서 한 손으로 상대의 손등을 공격해 지우개를 먼저 떨어뜨리면 승부가 납니다. 손등에 물건을 올릴 때 손가락을 벌려 손가락 사이에 물건을 끼우는 것은 반칙입니다.

tip: 서로 기분 상하거나 다치지 않도록 배려하면서 즐기는 분위기를 만들어보세요.

같은 놀이 다르게

* 지우개 이외에도 바둑알, 주사위, 탁구공 등 집에 있는 여러 물건을 활용해보세요.

발가락 양말 널기

건조대에 양말을 던져서 너는 놀이입니다.

준비물: 양말, 건조대

1. 건조대의 양 날개를 펴서 세워둡니다.

2. 첫 번째 사람부터 건조대에 널리도록 발가락으로 양말을 집어서 던집니다.

3. 한 사람당 세 개씩 던지는 방식으로 양말을 가장 많이 너는 사람을 알아봅니다.

tip: 발가락 양말 널기는 도전 수준이 높으니 먼저 1단계로 손으로 던져서 널고, 2단계로 발등에 양말을 얹어서 하는 방식으로 쉬운 단계부터 즐겨보세요.

같은 놀이 다르게

* 거리를 점점 멀리하여 도전해봅니다.
* 양말 세 개를 한꺼번에 던져서 널기, 손으로 쳐서 널기 등 새로운 방법을 만들어봅니다.
* 건조대 대신 사람이 건조대가 되어 한 사람이 양팔을 벌리고 서 있고, 다른 사람이 양말을 던져 팔에 너는 식으로 할 수도 있습니다.

3-5 밤중에 도둑 잡기

도둑과 집주인을 나눈 다음, 도둑이 손뼉을 쳐 위치를 알리면 눈가리개를 한
집주인이 신문지 방망이로 도둑을 잡는 놀이입니다.

준비물: 신문지, 눈가리개, 테이프

1. 신문지를 돌돌 말아 신문지 방망이를 만듭니다.

2. 아빠는 도둑이 되고, 자녀는 집주인이 되어 눈을 가리고 손에 신문지 방망이
   를 듭니다.

3. 아빠는 정해진 안전한 공간 안에서만 돌아다니고, 박수를 치면서 자신의 위
   치를 알려줍니다.

4. 자녀는 박수 소리를 듣고 도둑이 어디 있는지 찾아가 신문지 방망이로 때립
   니다.

5. 방망이로 도둑을 때리면 잡은 셈입니다. 역할을 바꿔서도 해봅니다.

tip 하나: 주변을 먼저 위험하지 않게 환경을 조성하고, 방망이를 휘두를 때는 너무 세게 휘두
르지 않도록 합니다.

tip 둘: 이동할 때는 동작을 크지 않게 하고, 빨리 움직이지 않는 게 안전합니다.

같은 놀이 다르게

* 가족 중 한 명만 도둑이 되고, 다른 사람들은 모두 집주인이 되어 도둑을 가장 빨리 잡은 사
  람이 새로운 술래가 되는 방식으로도 즐겨보세요.

예측불허 풍선 비행기

풍선을 분 다음 한 사람씩 날려서 어느 풍선이
가장 멀리 날아가는지를 겨루는 놀이입니다.

준비물: 풍선

1. 풍선을 얼굴 크기만큼 분 다음 입구를 손으로 잡아 바람이 새나가지 않게 합니다.

2. 풍선을 들고 다 같이 한 줄로 나란히 섭니다.

3. 순서대로 한 사람씩 잡고 있던 풍선을 놓아 날립니다.

4. 누가 풍선을 가장 멀리 날리는지 알아봅니다. 풍선 특성상 바람이 빠져나가면서 도무지 어디로 날아갈지 예측불허입니다. 예측할 수 없는 풍선의 방향에 한바탕 웃게 됩니다.

같은 놀이 다르게

* 출발선에서 풍선을 날린 다음 풍선이 떨어진 지점에서 다시 날리는 방식으로 도착 지점까지 몇 번 만에 가는지 알아보는 방식으로도 할 수 있습니다.

3-7 빨래집게 닌자

닌자가 되어 한 사람의 옷에 몰래 빨래집게를 다는 놀이입니다.

준비물: 빨래집게

1. 아빠와 자녀가 비밀 지령을 공유합니다. 지령은 가족 중 한 사람의 옷에 들키지 않고 빨래집게를 다는 것입니다.

2. 목표한 개수만큼 빨래집게를 달아 지령을 완수해보세요.

같은 놀이 다르게

* 하루 동안 서로가, 서로에게 들키지 않고 지령을 수행할 수도 있습니다.
* 모두가 협력해 엄마의 옷에 몰래 빨래집게를 달아보세요.
* 빨래집게에 "엄마, 사랑해요.", "아빠, 힘내세요!"와 같은 따뜻한 한마디가 적힌 쪽지를 달아서 해보세요.

빨래집게

주사위 100(1)

순서대로 주사위를 던져 3이나 5가 나오면 1부터 차례대로 종이에 숫자를 쓰고, 100까지 먼저 쓰면 이기는 놀이입니다.

준비물: 주사위 1개, 펜 1개, 종이(인원수만큼)

1. 한 사람당 한 장씩 종이를 나눠주고, 펜과 주사위는 중앙에 둡니다.

2. 주사위를 던져서 누가 먼저 시작할지 순서를 정합니다.

3. 첫 번째 사람부터 주사위를 던져서 숫자 3이나 5가 나오면 중앙에 위치한 펜을 가져와 종이에 재빨리 1부터 차례대로 숫자를 적습니다.

4. 반대로 3이나 5 이외의 숫자가 나오면 숫자를 기록하지 않고, 주사위만 옆 사람에게 전달합니다.

5. 누군가가 숫자를 종이에 기록하고 있을 때, 다른 사람들은 돌아가면서 주사위를 빨리빨리 던집니다. 그러다가 다른 사람이 숫자 3이나 5가 나오면 숫자를 쓰고 있는 사람에게서 펜을 뺏어와서 1부터 숫자를 기록합니다. 만약, 이미 숫자를 30까지 쓴 사람이 자기 차례에 다시 3이나 5가 나오면 31부터 이어서 숫자를 적어가면 됩니다.

6. 누가 100까지 먼저 쓰는지 알아봅니다.

tip : 명절 때처럼 여러 가족이 모이거나, 자녀의 친구들이 집에 놀러와서 여럿이 즐기면 더욱 흥미진진하게 할 수 있어요.

3-9 주사위 100(2)

주사위 100(1)의 방식으로 진행하되, 주사위의 숫자 1이 나오면
자신이 가지고 있던 종이를 오른쪽으로 한 칸씩 이동시켜야 합니다.
주사위 100(1)의 응용 놀이입니다.

준비물: 주사위 1개, 펜 1개, 종이(인원수만큼)

1. 주사위 100(1)과 같은 방식으로 진행하되 숫자 1이 나오면 자신이 가지고 있던 종이를 오른쪽으로 한 칸씩 이동시키는 규칙만 추가됩니다.

2. 숫자를 한참 기록하고 있다가도 왼쪽 사람에게 새로운 종이를 전달받으면 그 종이에 계속 숫자를 적어 나가야 합니다.

3. 예컨대 아빠가 종이에 숫자를 기록해 나가고 있는데 엄마가 주사위를 던져 1이 나왔다고 가정해봅시다. 모든 사람은 자기가 지니고 있던 종이를 오른쪽 사람에게 건네는데 아빠는 왼쪽 사람에게 건네받은 종이가 새로운 자신의 종이가 되는 것입니다. 이때 아빠는 새롭게 받은 종이에 적힌 숫자에 이어서 다시 숫자를 기록해 나가면 됩니다.

4. 이런 식으로 누가 100까지 먼저 쓰는지 알아봅니다. 참고로, 주사위 100(1) 놀이보다 엎치락뒤치락 도무지 결과를 예측하기 어렵습니다.

tip: 한 치 앞을 내다보기 어려운 놀이로 앉아서 하는 놀이인데도 땀이 나고 목이 쉴 만큼 흥미진진해요.

같은 놀이 다르게

* 약속된 숫자는 얼마든지 바꿀 수 있습니다. 가족끼리 의논해서 정해보세요.

양말 던지기

책을 놓은 다음 발등에 양말을 얹어서
책 위로 안착시키도록 하는 놀이입니다.

준비물: 양말, 책

1. 책을 한곳에 놓은 다음 미리 정해둔 시작점에 섭니다.

2. 순서대로 한 사람씩 발등에 양말을 얹은 다음 던집니다.

3. 책 위에 양말을 안착시키거나, 가장 가까이에 날린 사람이 이깁니다.

4. 같은 방식으로 몇 번 더 해봅니다.

같은 놀이 다르게

* 책을 곳곳에 두어 책마다 점수를 각각 다르게 매겨보세요.
* 팀전으로 할 수도 있습니다.
* 발가락에 양말을 끼워서 해볼 수 있습니다.

탁구공 페널티킥

빨대로 입김을 불어 탁구공을 종이상자에 넣는 놀이입니다.

준비물: 종이상자, 탁구공, 빨대

1. 골대는 작은 종이상자로 제작하거나 책과 책 사이에 공간을 만들어 골대로 활용할 수 있습니다.

2. 순서대로 한 사람씩 빨대로 입김을 불어 골대에 탁구공을 넣습니다. 기준선 안에서 한 번만 '훅'하고 불어야 합니다.

3. 한 사람당 3번씩 시도하며, 더 많이 넣은 사람이 이기는 방식으로 3세트 경기를 진행합니다. 2세트를 먼저 이기면 승부가 납니다.

tip: 일반 종이컵보다 큰 종이컵(16온스)으로도 골대를 제작할 수 있어요.

같은 놀이 다르게

* 종이상자와의 거리를 다섯 단계로 나누어서, 최고 몇 단계까지 연속으로 성공하는지 도전해 보세요.
* 빨대 대신에 입으로 바로 불거나, 손가락으로 튕기는 방식으로도 할 수 있습니다.
* 서로 마주본 형태로 골대를 두 개를 제작하여 경기할 수도 있습니다.

'7'을 피해라!

> 2개의 주사위를 동시에 던져 합을 기록하는 놀이로,
> 합이 7이 되면 지금까지 획득한 점수를 다 잃게 됩니다.

준비물: 주사위 2개, 펜, 종이

1. 시작 전에 몇 세트까지 할지 정합니다.

2. 2개의 주사위를 한 사람당 한 번씩 번갈아 던지고, 주사위 점수 2개를 더하여 기록합니다. 이때 주사위를 던져서 합산한 점수가 7이 나오면 지금까지 획득한 점수를 다 잃게 됩니다. 경기가 어떻게 될지 알 수 없어 긴장감이 있습니다.

3. 약속된 세트까지 마친 다음에 1세트부터 마지막 세트까지 획득한 점수를 합산한 최종 점수가 높은 사람이 이깁니다.

같은 놀이 다르게

* 주사위 2개가 같은 숫자로 나오면(더블) 상대와 점수를 바꿀 수 있다거나, 합산 점수가 12가 나오면(즉, '6'과 '6'이 나올 경우) 전에 잃었던 점수를 다시 회복하는 식으로 규칙을 추가할 수 있습니다.

세트	아빠	자녀
1		
2		
.		
.		
.		
10		
총합		

3-13 주사위 컬링

긴 책상의 한 가장자리에 주사위를 놓고 손가락으로 쳐서 최대한 멀리 보내는 놀이로, 컬링처럼 다른 주사위를 책상 밖으로 내보낼 수도 있습니다.

준비물: 주사위(인원수만큼), 긴 책상

1. 순서를 정한 다음, 차례대로 긴 책상의 가장자리에 주사위를 놓고 손가락으로 쳐서 최대한 멀리 보냅니다. 책상이 없으면 바닥에 선을 표시해서 할 수 있습니다.

2. 자신의 주사위를 쳐서 다른 사람의 주사위를 밖으로 내보낼 수 있습니다.

3. 주사위가 밖으로 나가면 아웃입니다.

4. 가장자리 가장 가까이 간 사람을 알아보고 축하해주며, 서로에게 박수를 보냅니다.

tip: 주사위는 아크릴이나 나무 재질이 적절합니다.

같은 놀이 다르게

* 주사위 대신 병뚜껑이나 바둑알 등을 사용할 수 있습니다.
* 바닥에 종이테이프로 점수를 차등화한 과녁을 만들 수도 있습니다. 각 라운드 점수를 합산하여 승부를 가려보세요.

무엇이 바뀌었을까?(1)

탐정이 책장을 관찰한 다음, 술래가 책장에 변화를 주어 탐정에게
이전과 달라진 부분을 찾도록 하는 놀이입니다.

준비물: 책이 꽂힌 책장

1. 한 명이 술래가 되고, 다른 사람(들)이 탐정이 됩니다.

2. 탐정에게 1분 동안 지정된 구역만큼 책장을 관찰하게 합니다.

3. 관찰이 끝나면 탐정은 잠시 뒤돌아 있거나, 밖에 나가 있습니다.

4. 그동안 술래는 책의 위치를 바꾸거나, 책을 거꾸로 세우는 등 총 다섯 군데에
   변화를 줍니다.

5. 술래가 3분 동안 변화를 주면 탐정이 들어와서 찾습니다.

6. 2분 동안 총 몇 개를 찾아내는지 알아봅니다.

7. 돌아가면서 술래를 해봅니다.

tip: 너무 쉽거나 어렵지 않게 책장의 구역을 적절하게 정해보세요.

3-15 무엇이 바뀌었을까?(2)

탐정이 거실을 관찰한 다음, 술래가 거실 공간에 변화를 주어 탐정에게 전과 달라진 부분을 찾도록 합니다. 무엇이 바뀌었을까?(1)의 응용 놀이입니다.

준비물: 변화를 줄 물건들

1. 술래와 탐정을 정해서 탐정이 된 사람은 3분 동안 유심히 거실 공간을 관찰하고 기억하도록 합니다.

2. 시간이 되면 탐정은 잠시 방에 들어가 있도록 합니다.

3. 술래는 거실 공간에 다섯 곳에 변화를 줍니다. 책 다른 곳에 치워두기, 핸드폰 돌려놓기, 리모컨 다른 곳에 옮겨두기 등 눈으로 알아볼 수 있도록 변화를 줍니다.

4. 탐정은 다시 돌아와 술래가 무엇을 바꾸었는지 시간 내에 최대한 많이 찾아냅니다.

5. 얼마나 찾았는지 확인하고, 역할을 바꿔서도 해봅니다.

여우 꼬리 잡기

바지춤에 수건을 넣어 만든 꼬리를 먼저 뺏는 사람이 이기는 놀이입니다.

준비물: 수건

1. 각자 바지춤에 수건을 3분의 1쯤 넣어 꼬리를 만든 다음, 서로 1m 정도 떨어져 마주 서요.

2. 시작되면 재빨리 움직여 상대의 수건을 먼저 빼냅니다.

같은 놀이 다르게

* 아빠나 엄마만 바지춤에 수건을 넣고 자녀가 부모의 꼬리를 뺏는 방식으로도 할 수 있습니다.

3-17 풍선 배구

풍선으로 하는 배구로, 기존의 배구와 달리 앉아서 하는 놀이입니다.

준비물: 풍선, 의자 또는 줄

1. 의자나 줄로 네트를 만들고, 배구와 같은 규칙으로 진행합니다.

2. 1:1로 할 경우, 한 사람이 세 번 안에만 상대 진영으로 풍선을 넘기면 됩니다.

3. 2명 이상인 팀은 한 사람이 연속으로 두 번 이상 칠 수 없습니다. 풍선을 일어서서 쳐도 반칙입니다.

4. 목표한 점수를 먼저 낸 사람이 이깁니다.

같은 놀이 다르게

* 1:1로 각자 한 개의 풍선을 들고, 시작되면 서로 동시에 반대편으로 풍선을 넘기는 방식으로도 할 수 있습니다. 목표한 횟수만큼 누구도 풍선을 떨어뜨리지 않고 주고받으면 멋진 협동 놀이가 됩니다.

3-18 수건 잡기

가족 중 한 사람을 호명하면서 수건을 던지면, 호명된 사람이
바닥에 떨어지기 전에 수건을 잡아야 하는 놀이입니다.

준비물: 수건

1. 아빠가 수건을 위로 던지면서 가족 중 한 사람을 호명하면 재빨리 수건이 바닥에 떨어지기 전에 잡습니다.

2. 수건을 던지는 척하거나, 이름을 헷갈리게 부르는 식으로 하면 좀 더 재밌는 분위기를 돋울 수 있습니다. 예를 들어, 자녀 이름이 '요한'이나 '요엘'이면, 요, 요, 요, 요……", "요술!", "요괴!" 식으로 하는 겁니다. 또는 아빠를 "아!" "배고파……", "아수라백작!" 식으로 할 수 있습니다.

tip: 수건을 받는 사람들은 안전을 위해 적당한 거리를 두고 옆으로 나란히 서보세요.

같은 놀이 다르게

* 아빠가 아닌 다른 사람이 호명하는 역할을 해봅니다.

3-19 어둠 속 칼싸움

눈을 가린 채 신문지 칼로 먼저 상대를 때리면 이기는 놀이입니다.

준비물: 신문지, 테이프

1. 신문지를 돌돌 말아서 테이프를 붙여 자기만의 신문지 칼을 만듭니다.

2. 서로 두 눈을 감고 멀찌감치 떨어져 섭니다.

3. "시작"이라고 외치면 살금살금 다가가 신문지 칼을 휘두릅니다.

4. 먼저 상대의 몸을 치면 이깁니다.

tip: 상대가 다치지 않도록 세게 휘두르지 않고, 얼굴 아래쪽을 치도록 합니다.

같은 놀이 다르게

1. 천장에 실을 걸고, 실 끝에는 신문지 공이나 물건을 매달아둡니다.
2. 서로 두 눈을 감고 반대쪽에 섭니다.
3. "시작"과 함께 실에 달린 물건을 찾아 다가갑니다.
4. 먼저 실에 달린 물건을 친 사람이 이깁니다.

3-20 가위바위보 얼굴 그리기

가위바위보를 해서 이긴 사람이 이길 때마다 짝의 얼굴 부위를
하나씩 그리는 방식으로 먼저 짝의 얼굴을 완성하는 놀이입니다.

준비물: 사인펜, 종이

1. 종이와 사인펜을 하나씩 갖고 서로 마주보고 앉습니다.

2. 가위바위보를 해서 이긴 사람은 짝의 얼굴을 사랑스럽게 바라보며 얼굴 윤
   곽을 그립니다.

3. 이길 때마다 짝의 얼굴 부위를 하나씩 추가해서 그립니다.

4. 얼굴 윤곽, 눈썹, 눈, 코, 입, 귀, 머리 스타일 순으로 완성해 갑니다.

5. 서로 짝의 얼굴을 다 그리면 세상에 하나뿐인 작품을 감상해보세요.

> 3개의 주사위를 동시에 던져 3개 중 2개의 숫자가 같으면 더블 점수를
> 획득하는 놀이로, 어떤 숫자가 나오느냐에 따라 차등적으로 점수를 매겨
> 총 50점에 먼저 도달하는 사람이 우승자가 됩니다.

준비물: 주사위 3개, 펜, 종이

1. 주사위 3개를 던져서, 3개 중 2개의 주사위가 똑같은 숫자가 나오면(더블) 점수를 획득합니다.

2. 주사위 숫자가 1~5까지는 더블이 나올 경우 5점을 획득하고, 6 더블이 나오면 15점을 얻습니다. 주사위 3개가 모두 같은 숫자가 나오면 숫자에 상관없이 30점을 얻습니다.

3. 같은 숫자가 2개 또는 3개가 나오지 않으면 점수 없이 다음 사람에게 넘어갑니다.

4. 누가 가장 먼저 50점을 얻는지 알아봅니다.

같은 놀이 다르게

* '1, 2, 3' '3, 4, 5'와 같이 연속된 숫자가 나오면 주사위를 한 번 더 던지거나, 주사위를 던져 합산한 점수가 5 이하가 나오면 10점을 잃는 식으로 규칙을 추가할 수 있습니다.
* 자녀들의 이해 수준을 고려하여 즐기면 됩니다. 단순한 규칙부터 시작해보세요.

주사위 1과 100

던지고 싶은 횟수만큼 주사위를 던져 나온 숫자들을 합산하는 놀이로,
1이 나오는 순간 그 판의 점수를 모두 잃게 됩니다.

준비물: 주사위 1개, 펜, 종이

1. 주사위를 던지고 싶은 횟수만큼 던져서 나온 숫자들을 더합니다.

2. 1이 나오는 순간 그 판에 던져서 쌓은 점수들을 잃게 됩니다. 몇 번 던지는지는 던지는 사람의 몫이기에 언제까지 던질지 잘 선택해야 합니다.

3. 1이 나오면 다음 사람에게 순서가 넘어갑니다. 1이 나오기 전에 던지고 싶은 만큼 던지고 다음 차례로 넘겨야 합니다.

4. 먼저 100점을 획득한 사람이 나올 때까지 합니다.

같은 놀이 다르게

* 특정 숫자가 연속 두 번 나오면 바꾸고 싶은 사람과 점수를 교환하는 규칙을 추가할 수 있습니다.

* 주사위를 2개로 늘려 놀이를 할 수도 있습니다. 놀이를 더 역동적이고 재밌게 해줄 규칙을 만들어보세요.

* 가족 구성원에 따라 2:1, 1:1:1 등의 겨루기 형식으로 다양하게 즐길 수 있습니다.

풍선 피하기

아빠가 앉은 자세로 풍선을 손으로 쳐서
매트 위의 자녀를 맞히는 놀이입니다.

준비물: 풍선

1. 자녀는 벽에서 조금 떨어져 매트 위에 서고, 아빠는 2m 정도 떨어진 지점
   에 앉습니다.

2. 아빠는 미리 불어둔 풍선을 손으로 쳐서 자녀를 맞힙니다.

3. 자녀는 좌우로 재빨리 몸을 피해 풍선에 맞지 않도록 합니다.

tip: 풍선 대신에 신문지 공으로 대신할 수 있어요.

3-24 어느 주먹에 있을까?

어느 주먹에 동전이 있는지 알아맞히는 놀이입니다.

준비물: 동전

1. 탐정 한 사람을 정하여 잠시 뒤돌아 있도록 합니다.

2. 다른 사람(들)은 의논해서 한 주먹에 동전을 숨깁니다.

3. 탐정은 다시 뒤돌아 앉아서 어느 주먹에 동전이 있는지 찾도록 합니다.

4. 탐정을 바꾸어서도 해봅니다.

tip 하나: 다 같이 자신의 주먹에 동전이 있는 것처럼, 혹은 없는 것처럼 연기를 해보세요.

tip 둘: 탐정은 유도 질문을 통해 어느 주먹에 동전이 있는지 추리해 갈 수도 있어요.

같은 놀이 다르게

* 사람이 많으면 팀을 나누어서도 할 수 있습니다.

이야기 하나. 아빠의 방구석 놀이

1
일하고 들어와서
두 아들과 짬을 내서 놀았습니다.

오늘은 숟가락 칼싸움!
우선, 신문지 칼싸움부터 한 판 했습니다.

〈1단계〉 칼 만들기
각자 자신의 칼 만드는 것만
10분 넘게 집중해서 완성!

사내 녀석들이라 칼만 만들어도 재밌고
아이들에게 직접 놀잇감을 제작하는 과정도
훌륭한 놀이입니다.

아빠는 간섭하지만 않으면 돼요.
아빠도 자기 칼 만들면 되죠.
제 방법대로 만들어볼 수 있도록 재료를 주고
관심을 기울이며 독려해주기만 하면 돼요.

2
〈2단계〉 자유로운 칼싸움
칼을 만드는 것만 봐도 둘의 다른 성향이
극명하게 드러납니다.

큰 아들 요한인 튼튼한 방망이 같은 칼,
작은 아들 요엘인 채찍처럼 휘어지는 변화무쌍한 칼.
자유롭게 칼싸움을 하다가
요엘이가 세상 잃은 것처럼 울어요.
형의 칼이 너무 세서 자기 칼이 뚝 끊어졌거든요.

중요한 경험이에요. 분명, 실패가 아닌 경험이죠.
형이 아빠랑 칼싸움을 해보라며
자기 것을 건네주면서 달래보려 했어요.
그러니까 요엘이가 그러더라고요.
"내가 만들 거야."

그 말이 참 듣기 좋았어요.
속상한 건 속상한 거고, 끊어진 건 끊어진 거고
거기에서 멈추지 않고 다시 자기만의 칼을
만들겠다고 하는 마음과 의지가 기특했어요.

마음을 추스르고, 실패를 거울삼아
다시 무적 칼 제작에 들어갔어요.
이번엔 아주 튼튼한 칼을 만들었어요.

3
아빠가 놀이 하나를 제안했어요.
눈 감고 하는 칼싸움.
먼저 상대의 몸을 맞히면 이기는 방식!
자연스럽게 다른 놀이로 들어간 셈이에요.

〈3단계〉 눈 감고 칼싸움
먼저, 아빠랑 형. 오호, 아들에게 졌어요.
이번엔 아빠와 동생. 오호, 아빠가 또 졌어요.

아빠와 아우가 할 때는 시키지도 않았는데
형이 아우에게 방향을 알려주면서
어느새 둘이 한 팀이 되어 있었어요.
그래서 아빠가 졌는지도 모르겠어요.

마지막으로 형과 아우의 다섯 판,
눈 감고 칼싸움.

흥미진진해요. 올림픽이라도 하는 것 같아요.

3 대 2로 민첩한 아우의 승리!
이겼다고 환희에 차 소리치던 요엘이를 보며
미소가 지어졌어요.
좀 전까지 울던 아이는 어디 가고 없었어요.

4
〈4단계〉 숟가락 균형 잡기
숟가락 위에 물건을 올려두고 움직이는 것 자체가
큰 도전!

처음에는
숟가락 위에 큰 주사위를 올린 채 바닥에 떨어뜨리지 않고
의자까지 갔다가 돌아오는 게 목표였어요.

시작하기 전에 몸부터 풀었죠.
이것만으로도 엄청 재밌어하는 두 아들,
몇 번 반복해서 하더니 점점 균형을 잡을 줄 알게 됐어요.
좀 익숙해졌거든요.

5
〈5단계〉 릴레이 주사위 나르기
이번에는 엄마까지 껴서 시합을 벌였어요.

릴레이 주사위 나르기 시합.
형과 엄마, 아우와 아빠.
막상막하, 둘째가 제법 감을 잡았어요.

울고불고 난리가 났다가도 금세 일어나
또 깔깔깔 거리며 놀아요.
놀다 보면 자꾸 놀다 보면 마음의 근육도 생겨요.

이기고 지는 것을 반복하다 보면
받아들일 줄도 알게 되고
일어서는 법도, 그 과정을 즐기는 법도
스스로 터득해가요.

6
〈6단계〉 숟가락 칼싸움
드디어 숟가락 칼싸움!
아빠와 형, 아빠와 아우의 대결로 시작했답니다.

형과 아우가 붙고,
형과 아우가 한 편이 되어 아빠랑 붙고
이렇게, 저렇게 여러 모양으로
한 판 승부를 벌였어요.

두 아들이 아빠랑 할 때는
나무젓가락 대신 조금 긴
신문지 칼로 붙기도 했지요.

놀이는 놀이하는 사람에 따라
자유자재로 변화되는 법이에요.
아이들이 어떻게 놀 줄 모르니
시나리오도 없지요. 그래서 더 흥미진진해요.

아이들에게 자연스럽게 놀이의 주도권이 넘어가고,
그 흐름에 맡기다 보면
놀라운 장면들을 목격하곤 해요.

타고난 놀이 고수인 어린이들을 따라가보는
즐거움이 거기에 있어요.

어떻게든 아빠를 이기려는 두 아들.

참고로, 아직 숟가락 위에 균형을 잡기 어려운 자녀들은
국자나 그 외에 대체할 수 있는 것으로 하면 돼요.

다시 한 번 나누지만 정해져 있는 건 없어요.
놀이에 사람을 맞추는 것이 아니라
사람에게 놀이를 맞추는 거예요.

놀이가 아닌 사람에게 초점을 두면
방법이 나오고, 지혜가 나오고, 새로운 놀이가 탄생해요.
우리만의 놀이 세계가 창조돼요.
우리 자녀에게 초점을 맞춰보세요, 그러면 놀이가 보여요.

7
〈7단계〉 주사위 떨어뜨리기
마지막으로 아빠의 주사위 떨어뜨리기!

30초 이내로
아빠의 숟가락 위에 놓인 주사위를 떨어뜨리는 게 미션이죠.
꼭 주사위일 필요는 없어요.
얼마든지 다른 물건으로 대체할 수 있어요.

10초도 안 되어,
"간질이기기 작전!"이라고 외치면서
아빠의 겨드랑이를 파고들며 공격이 들어와요.
형이나 아우나 똑같아요.

당할 수가 없어요.
숟가락 칼싸움보다 더 좋아해요.
간질여놓고, 자기가 깔깔대요.

또 실컷 한 판 놀았어요.
아이들과 노는 것도 재밌고, 노는 모습을 보는 것도 즐거워요.

같이 시간 보내지 않으면 누릴 수 없는 특권이죠.
이 시간을 놓치지 말아야겠어요.

참고로, 놀 때는 단계를 두고
우리 자녀들에게 맞게
쉬운 단계부터 점진적으로 도전 수준을 높여 나가면
여러모로 유익해요.

그리고 알아서 놀라고 두기보다
같이 놀기를 권해드려요.
지켜보기보다 상호작용하면서 같이 놀아보세요.

2020. 3. 10. 화.
아빠가 들려주는 놀이 이야기

이야기 둘. 보물찾기

1
아직 제대로 눈도 못 떴는데
둘째 요엘이가 아빠 위로 올라타 "아빠! 같이 놀자!"라며 야단입니다.

코로나로 인해 교회에 가지 못해
집에서 주일 가정 예배를 드리려 준비하려고 하자
아들이 계속 놀자고 졸라요.

형은 시키지도 않은 온라인 학습에
푹 빠져 있어서 심심해하고 있었죠.
거실에 나와 보니
이미 아빠와 보물찾기를 위한 준비를 마친 상태였어요.
얼마나 기다렸을까요, 아빠랑 같이 놀려고.

2

시간을 내 잠시 아들과 놀기로 했어요.
나중에 놀자고 하기보다 잠시라도 같이 놀고, 또 놀자고 말하곤 해요.
이렇게라도 아들에게 내 마음을 표현하는 거예요.

"다음에 놀자!"와 "다음에 또 놀자!"의 차이는
아들에게 매우 큰 차이가 있잖아요. 요엘이에게 물어보았어요.

"어떻게 하는 보물찾기야?"
"응, 이것들을 숨기고 찾는 거야. 간단해."

3

보물을 보니까 며칠 전에
나무젓가락 화살 만들다가 부러진 나무젓가락,
빨대 풍선 놀이하다 쓴 빨대, 종이 표창, 색종이 개구리 등이었어요.

재밌는 보물이고, 손때가 묻은 보물이에요.
요엘이에게는 보물일 수 있는 것들이죠.
내가 숨기고 요엘이가 찾는 탐험대 역할을 했어요.

샅샅이 뒤지듯이 찾기보다 설렁설렁 찾기에
한마디 힌트를 주었어요.

"자세히 보아야 보여."

정답을 가르쳐주기보다는
스스로 찾는 방법을 알려준 셈이에요.
아들이 이해했는지 곧잘 보물을 찾아냈어요.

나는 요엘이가 보물을 찾는 과정을 지켜보았어요.
아들이 보물을 찾아내는 게 아무것도 아닐 수 있는데
내가 찾은 것처럼 얼마나 기쁜지 몰라요.

부모라면 다 저와 같은 기분일 거예요.

4
아들에게 했던 말이 곰곰 생각해보니
내 자신에게 하는 말 같았어요.

놀이는 누군가를 자세히 들여다보는 과정이에요.
함께 놀다 보면 보여요.
아들은 나의 소중한 보물이기에 같이 놀아요.
자세히 보고 싶어요.
곁에 함께할 수 있을 때 더욱 그러고 싶어요.
내가 우리 아들과 같이 노는 이유 중 하나이기도 해요.

5
보물찾기를 한 번 마치고 끝내려 하자
요엘이가 그래요.

"이번엔 내가 숨길게."

이왕 논 거, 한 번 더 했어요.
아들 덕분에 행복하게 주일 아침을 열었고
주일 가정 예배도 잘 드렸어요.

2020. 4. 5. 요요네 일요일 아침.

자연스럽고 편안한 대화를 유도하고,

웃으면서 정겹게 이야기를 나누는

대화 놀이가 담겨 있습니다.

사랑의 첫 번째 의무는 상대의 이야기에 귀 기울이는 거래요.

아이들을 존중해주고,

아이들의 이야기에 귀 기울여주세요.

우리 자녀의 마음을 만나게 된다면 서로의 마음이 이어질 거예요.

4장
대화 놀이

우리 가족 협동 그림

주인공의 얼굴을 다른 사람들이 차례대로 조금씩 그려 완성하는 놀이입니다.

준비물: 사인펜, 종이

1. 종이 하단에 자기 이름을 적습니다.

2. 종이를 오른쪽에 있는 사람에게 전달합니다.

3. 종이를 받은 사람은 종이 하단에 적힌 주인공을 사랑스러운 눈빛으로 바라봅니다.

4. 그다음 그 사람의 얼굴 윤곽만 그리도록 합니다.

5. 다 그렸으면 다시 종이를 오른쪽 사람에게 전달합니다.

6. 이번에는 주인공의 눈을 그리도록 합니다.

7. 이런 식으로 한 부위씩 그려서 얼굴 윤곽, 눈, 코, 입 등 얼굴이 완성될 때까지 해봅니다. 세상에 하나뿐인 작품을 감상해보세요.

tip: 그려 나가다 보면 자연스럽게 서로의 얼굴을 보며 웃게 될 거예요.

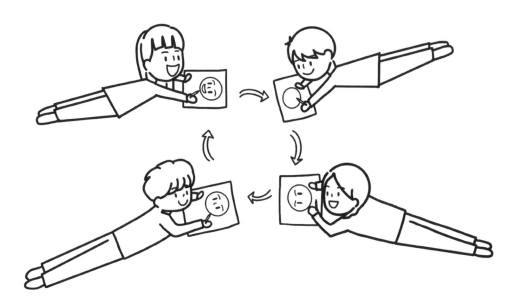

4-2 공통점을 찾아봐요!

외모뿐 아니라 성격이나 습관 등 가족끼리 닮은 점을 찾는 놀이입니다.

준비물: 없음

1. 우리 가족의 공통점을 찾아보는 시간을 갖겠다고 일러줍니다.

2. 한 번에 하나씩 손들고 말하는 방식으로 누가 먼저 다섯 개를 찾아내는지 알아봅니다. '사람', '손가락 5개', '눈 2개'와 같은 점들은 인정되지 않는다고 사전에 정해둡니다.

tip 하나: 누가 많이 찾아냈는지에 집중하기보다, 찾아낸 공통점을 가지고 즐겁게 대화를 나누는 데 관심을 두세요.

tip 둘: 우리 가족 협동 그림(4-1) 활동에 이어서 할 수 있는 놀이입니다.

4-3 들은 대로 그려요

캐릭터의 설명만 듣고 그림을 그린 다음, 닮은 정도를 비교해보는 놀이입니다.

준비물: 펜, 종이, 캐릭터 그림

1. 한 사람은 캐릭터의 생김새를 설명하고, 다른 한 사람은 설명을 듣고 그대로 그립니다. 사전에 아이들이 좋아하는 캐릭터 그림을 준비합니다.

2. 설명하는 중간에 그림을 보여줄 수 없고, 그리는 사람은 캐릭터 특징에 대해서 질문을 할 수 있습니다.

3. 그림을 확인하고 얼마나 비슷하게 그렸는지 비교해봅니다.

4-4   경청 초상화

설명하는 역할을 하는 사람(큐레이터)이 화가의 얼굴을 보고 설명해주면 화가는 들은 대로 자신의 얼굴을 그리는 놀이입니다.

준비물: 눈가리개, 펜, 종이

1. 한 사람은 화가가 되고, 다른 한 사람은 설명하는 사람(큐레이터)이 됩니다.

2. 큐레이터는 먼저 화가의 얼굴을 세심하게 살펴보고, 그다음에 화가가 눈가리개를 씁니다.

3. 큐레이터는 화가의 얼굴을 자세하게 설명하고, 화가는 자신의 얼굴을 들은 대로 그립니다.

4. 다 마쳤으면 눈가리개를 풀고 자기 초상화를 확인합니다. 작품을 확인하는 순간, 서로 깔깔깔 웃음이 날 것입니다.

5. 역할을 바꿔서도 해봅니다.

tip: 화가는 눈가리개를 하지 않고 앞만 보고 그릴 수도 있어요.

4-5 내가 가장 _____ 한 물건

눈가리개를 한 채 손에 잡히는 물건이 무엇인지 알아맞히는 놀이입니다.

준비물: 눈가리개, 상자, 상자에 담을 물건들

1. 자녀가 자주 쓰는 물건과 아끼는 물건 다섯 개를 보이지 않게 상자에 담아서 가져오라고 합니다.

2. 아빠는 눈을 가리고 자녀가 하나씩 물건을 내밀 때마다 만져봅니다.

3. 눈가리개를 한 채 어떤 물건인지 맞혀봅니다.

4. 이어서 눈가리개를 풀고, 그 물건에 대해 자녀와 대화를 나눕니다.

5. 역할을 바꿔서도 해봅니다.

같은 놀이 다르게

* '아빠가 좋아하는 물건', '맞추기 어려울 것 같은 물건' 등 다른 주제의 물건으로도 해봅니다.

한마음 말하기

2개씩 짝지어 총 5쌍의 제시어를 준비한 후, 두 사람이 동시에 하나의 단어를 외치는 텔레파시 놀이입니다.

준비물: 없음

1. 제시어를 2개씩 짝지어 5쌍을 정하고, 두 사람이 동시에 둘 중 하나를 말합니다. 같은 것을 말하면 텔레파시가 통한 셈입니다(예: 짜장/짬뽕, 강아지/고양이 등).

2. 다섯 번 정도 하여 서로 생각이 몇 번 통했는지 알아봅니다.

같은 놀이 다르게

* 음식, 동물, 색깔 등 다양한 주제의 제시어로 할 수 있습니다.
* 세 명 이상의 가족 단위로도 해볼 수 있습니다.

난 알아요!

> 간식, 동물 등을 주제로 질문을 내면
> 상대방에게 해당하는 정답을 생각해내어 맞추는 놀이입니다.

준비물: 없음

1. 두 사람이 짝을 이뤄 홀수를 할 사람과 짝수를 할 사람을 정합니다.

2. 짝수가 먼저 홀수의 정답을 알아맞힙니다(만약, 첫 번째 질문이 "좋아하는 간 식은?"이라고 합시다).

3. "하나, 둘, 셋!" 하고 두 사람이 동시에 대답해야 합니다. 홀수는 자신이 실 제 좋아하는 간식을 말하고, 짝수는 홀수가 좋아할 것 같은 간식을 말합니다. 그럼 홀수가 알아맞혔는지를 짝수가 확인합니다.

4. 역할을 바꾸어서 이번에는 홀수가 짝수에 대해 알아맞힙니다.

5. 같은 방식으로 여러 가지 질문으로 번갈아 해봅니다.

tip: 얼마나 많이 맞혔는지 집중하기보다 즐겁게 대화를 나누며 서로를 확인하고, 새롭게 알 아가는 기회로 삼아보세요.

같은 놀이 다르게

* 가족이 다 같이 모여, 엄마, 아빠, 자녀에 대해 서로 알아맞히면서 오붓하게 대화를 나눠봅 니다.
* 부모와 자녀에 따라 질문을 다르게 정할 수 있습니다.
* 질문에 기록한 뒤에 서로 알아맞히는 방식으로 할 수 있습니다.

주사위 빙고 대화

6*6 빙고 모양으로 된 대화 용지를 가지고 주사위를
던져서 나온 질문에 대답하거나, 미션을 수행하는 놀이입니다.

준비물: 빙고 대화 양식지, 주사위 2개

1. 색깔이나 크기가 다른 주사위 2개와 가로·세로 6*6의 빙고 양식지를 준비한 다음 가로용과 세로용 주사위를 정합니다. 양식지는 부모용, 자녀용 두 가지로 준비합니다. 양식지의 질문은 미리 채워서 준비해둡니다.

2. 한 사람씩 순서대로 주사위를 던져서 나온 숫자에 해당하는 칸의 질문에 답합니다.

3. 가족 모두가 돌아가면서 이야기를 나눠봅니다.

같은 놀이 다르게

* 질문 대신 재밌는 미션을 넣어보세요.
* 주사위를 던진 사람뿐 아니라 다른 사람들도 대답할 수 있는 질문도 넣어보세요. 한 가지 주제로 깊이 대화를 나눌 수 있습니다.

〈자녀용〉

생일에 받고 싶은 선물은?	내가 투명 망토를 쓴다면?	엄마(아빠)가 자랑스러운 점은?	엄마(아빠)에게 가장 많이 듣는 말은?	엄마(아빠)가 해주는 음식 중 가장 좋아하는 것은?	내가 부자가 된다면?
엄마(아빠)에게 사랑한다고 말해주세요.	엄마(아빠)에게 가장 듣고 싶은 말은?	내가 소중하게 여기는 물건은?	엄마(아빠)에게 주고 싶은 선물은?	내가 꼭 배워보고 싶은 것은?	우리 가족끼리 해보고 싶은 일은?
우리 가족의 행복을 위해 만들고 싶은 규칙은?	엄마(아빠)를 5초 동안 간질여주세요.	내가 되고 싶은 사람은?	엄마(아빠)에게 고마운 점은?	신이 있어 기도를 들어준다면 꼭 하고 싶은 기도는?	나의 친한 친구는?
엄마(아빠)가 날 사랑한다고 느낄 때는?	내 보물 1호는?	엄마(아빠)에게 해주고 싶은 말은?	내가 살고 싶은 집은?	내가 요즘 자주 하는 놀이는?	내가 스스로 고치고 싶은 점은?
자녀로서 스스로에게 점수를 준다면? 그 이유는?	가족과 함께한 추억 중 가장 기억에 남는 기억은?	엄마(아빠)를 꼭 껴안아 주세요.	요즘 나의 고민은?	우리 가족과 여행 가고 싶은 나라는?	내가 도와주고 싶은 사람은?
내가 생각하는 우리 가족 3대 뉴스는?	내가 좋아하는 친구 유형은?	엄마(아빠)에게 속상했던 기억은?	내가 가장 좋아하는 과목은?	내게 엄마(아빠)는 어떤 분인가요?	엄마(아빠) 앞에서 춤을 보여주세요.

⟨부모용⟩

자녀에게 받고 싶은 선물은?	자녀에게 물려 주고 싶은 것은?	멋지다고 생각 하는 자녀의 모습은?	자녀에게 가장 많이 듣는 말은?	자녀와 꼭 한 번쯤 해보고 싶은 것은?	엄마(아빠)에게 1억이 생긴 다면?
자녀를 안아주 면서 사랑한다 고 말해주세요.	자녀에게 어떤 부모가 되고 싶나요?	엄마(아빠)가 살아오면서 후 회되는 일은?	우리 가족이 닮았다고 생각 하는 점은?	꼭 배워보고 싶은 것은?	엄마(아빠)의 꿈은?
우리 가족의 행복을 위해 다짐하는 것은?	엄마(아빠)는 상대의 무엇에 반했나요?	자녀에게 꼭 해주고 싶은 말은?	자녀에게 고마 운 점은?	신이 있어 기 도를 들어준다 면 꼭 하고 싶 은 기도는?	어떤 부모가 되고 싶나요?
자녀에게 힘을 얻을 때는?	내 보물 1호 는?	엄마(아빠)가 만들고 싶은 이상적인 가족 의 모습은?	내가 살고 싶 은 집은?	엄마(아빠)가 어릴 때 좋아 했던 놀이는?	내가 스스로 고치고 싶은 점은?
부모로서 스스 로에게 점수를 준다면? 그 이 유는?	가족과 함께한 추억 중 가장 기억에 남는 기억은?	자녀를 5초 동 안 간질여주세 요.	요즘 나의 고 민은?	우리 가족과 여행 가고 싶 은 나라는?	내가 도와주고 싶은 사람은?
내가 생각하는 우리 가족 3대 뉴스는?	엄마(아빠)에 게 자녀는 어 떤 존재인가 요?	자녀에게 미안 했던 점은?	엄마(아빠)가 요즘 관심 갖 는 일은?	엄마(아빠)가 갑자기 죽게 된다면?	자녀 앞에서 춤을 보여주세 요.

4-9 둘 중 하나

둘 중 내 짝이 무엇을 더 좋아하는지 알아맞히는 놀이입니다.

준비물: 질문지

1. 부모용과 자녀용으로 별도로 질문을 준비합니다. 즉석에서 질문을 만들어도 괜찮습니다.

2. 누가 먼저 알아맞힐지 순서를 정합니다. 아빠가 먼저 자녀에 대해 알아맞힌다고 가정해봅시다. 첫 번째 질문이 "떡볶이 vs 돈가스"라고 할 경우, 아빠는 "하나, 둘, 셋!"을 외친 뒤 자녀가 더 좋아할 것 같은 것을 하나 외칩니다.

3. 자녀의 대답을 듣고 나면 이번에는 반대로 자녀가 아빠에 대해 알아맞힙니다.

4. 이런 식으로 10개 정도 질문으로 서로 알아맞히면서 알아갑시다.

tip: 우리 가족에게 맞게 질문지를 만들어보세요.

4-10 촛불 앞에서

촛불을 놓고 둥그렇게 둘러앉아 대화를 나누는 놀이입니다.

준비물: 양초, 라이터

1. 촛불을 중앙에 놓고 다 같이 원 대형으로 옆 사람과 가까이 앉습니다.

2. 하고 싶은 사람이 자발적으로 촛불을 자기 앞으로 갖고 가서 이야기합니다.

3. 같은 방식으로 마지막 사람까지 해봅니다.

tip 하나: 하루를 마치거나 여행 또는 캠핑 갈 때 하시면 좋아요.

tip 둘: 때와 상황에 맞게 주제를 정해서 나눠보세요.

tip 셋: 촛불 모임에서 '귀 기울여 들어주기', '말하고 싶은 사람이 촛불 가져가서 말하기', '기다리기'와 같은 규칙을 공유한 뒤에 이야기를 나누면 따뜻하고 서로를 존중하는 분위기가 될 거예요.

같은 놀이 다르게

* 주제 대신에 질문 카드를 활용해 대화를 나눌 수 있습니다.

4-11 부모와 자녀 30문 30답

문답지에 나와 있는 질문 순서에 부모와 자녀가
이야기를 주고받는 놀이입니다.

준비물: 대화 양식지

1. 부모용과 자녀용 문답지를 미리 준비합니다.

2. 누가 먼저 질문에 대답할 것인지 정합니다.

3. 질문 순서에 따라 하며 같은 문항에 번갈아가며 이야기를 주고받습니다.

4. 마지막까지 다 마치면 서로 "사랑해"라고 말하고 꼭 안아줍니다.

tip 하나: 지금-여기에 더 집중하도록 문답지에 기록하지 않고 대화를 나누어요.

tip 둘: 서로를 존중하고 진심으로 귀 기울여 들어주세요.

tip 셋: 가족 여행을 갔을 때나 어린이날 또는 어버이날 같은 기념일에 해보세요.

(부모용) 30문 30답

1. 이름	16. 가족과 한 번쯤 가보고 싶은 곳
2. 생년월일	17. 배워보고 싶은 것
3. 좋아하는 운동	18. 스스로 고치고 싶은 모습
4. 좋아하는 음식	19. 부모로서 스스로 점수를 준다면
5. 좋아하는 가수나 노래	20. 자녀에게 점수를 준다면
6. 취미	21. 요즘 나의 기분
7. 좋아하는 계절	22. 요즘 나의 관심
8. 좋아했던 과목	23. 일주일 중 가장 행복한 시간
9. 잘하는 것	24. 내가 살고 싶은 집
10. 자녀에게 받고 싶은 선물	25. 보물 1호
11. 요즘 자주 하는 것	26. 자녀에게 고마운 점
12. 꼭 한 번쯤 이루고 싶은 꿈	27. 자녀의 장점
13. 기억에 남는 친구	28. 자녀에게 듣고 싶은 말
14. 갖고 싶은 초능력	29. 자녀에게 꼭 하고 싶은 말
15. 어릴 적 좋아했던 놀이	30. 지금 느낌

(자녀용) 30문 30답

1. 이름	16. 가족과 한 번쯤 가보고 싶은 곳
2. 생년월일	17. 배워보고 싶은 것
3. 좋아하는 운동	18. 스스로 고치고 싶은 모습
4. 좋아하는 음식	19. 자녀로서 스스로 점수를 준다면
5. 좋아하는 가수나 노래	20. 부모에게 점수를 준다면
6. 취미	21. 요즘 나의 기분
7. 좋아하는 계절	22. 요즘 나의 관심
8. 좋아했던 과목	23. 일주일 중 가장 행복한 시간
9. 잘하는 것	24. 내가 살고 싶은 집
10. 부모에게 받고 싶은 선물	25. 보물 1호
11. 요즘 자주 하는 것	26. 아빠/엄마에게 고마운 점
12. 꼭 한 번쯤 이루고 싶은 꿈	27. 아빠/엄마의 장점
13. 기억에 남는 친구	28. 아빠/엄마에게 듣고 싶은 말
14. 갖고 싶은 초능력	29. 아빠/엄마에게 꼭 하고 싶은 말
15. 어릴 적 좋아했던 놀이	30. 지금 느낌

거실 빙고

간식, 동물 등을 주제로 질문을 내면
상대방에게 해당하는 정답을 생각해내어 맞추는 놀이입니다.

준비물: 펜, 빙고 양식지

1. 거실을 자세히 관찰하면서 거실에 있는 사물 이름을 빙고 용지에 작성합니다.

2. 빙고 용지를 다 채우면 첫 번째 사람부터 자신이 적은 사물 하나를 말합니다.

3. 만약 다른 사람이 적지 않았다면 계속 말할 수 있습니다. 반대로 다른 사람
   도 같은 사물을 적었으면 그 사람에게 말할 기회가 넘어갑니다.

4. 이런 식으로 하여 가로, 세로, 대각선, 5줄 빙고를 먼저 만든 사람이 이깁니다.

tip: 다른 사람이 안 적을 것 같은 사물을 적을수록 유리하지요.

같은 놀이 다르게

* 거실이 아닌 방을 무대로 할 수도 있습니다.
* 동물, 음식, 그림책 제목 등 다양한 주제로 해볼 수 있습니다.

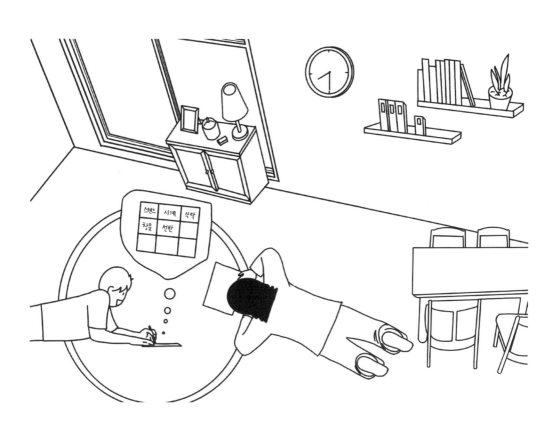

이야기 하나. 소중한 물건

1
'보물찾기', 자꾸자꾸 하고 싶고, 질리지도 않는 놀이.
한동안 8살 요엘이가 시간만 나면
아빠랑 함께하자고 하는 놀이가 됐어요.

요엘이와 보물찾기 놀이를 하고
요한이, 요엘이, 엄마, 아빠,
네 식구가 다 같이 모여 가정 예배를 드렸어요.

코로나 때문에 가정에서 예배를 드리기에
담임 목사님이 보내주신
가정 예배 순서지를 따라 예배를 드렸어요.

2
이날은 예배의 부름, 신앙고백, 찬송과 기도 후
바로 말씀 말씀을 봉독하지 않고 잠시 놀이 활동을 했어요.

먼저, 《슬기로운 집콕놀이》에 있는
맨몸 놀이로 스트레칭을 하면서 몸과 마음을 풀어주었어요.
이어서 '4-5 가장 ＿＿한 물건'이란 놀이를 했어요.
눈을 감은 채 손에 잡히는 물건이 무엇인지 알아맞히는 놀이에요.

이날은 "아빠가 놀이할 때 소중하게 여기는 물건은?"이란 주제로
한 사람씩 순서대로 보지 않은 채 가방 안에 담긴 물건을 하나 잡고,
그 물건이 무엇인지 알아맞히도록 했어요.

두 아들은
아빠가 놀이할 때 소중하게 여기는 물건(털실, 탱탱볼, 고무줄 등)을
하나씩 즐겁게 맞혀갔어요.

3
마지막 물건을 남겨두고 힌트를 준다는 생각으로
두 아들에게 질문했어요.

"아빠가 놀이할 때 가장 소중하게 여기는 게 무엇일까?"

요엘이가 자신 있게 대답해요.
"우리"

예상치 못한 답이었어요. 요엘이 말을 들어보니 그 말이 맞아요.
놀이할 때 아빠에게 가장 소중한 것은
그 어떤 놀이나, 놀잇감이 아니라 두 아들이에요.

참 고마웠어요.
아들에게 아빠가 놀이할 때 가장 소중하게 여기는 게
자신이라는 확신이 있으니까요.

앞으로도 아빠의 사랑에 대한 확신이
변하지 않을 수 있도록 노력하고 싶어요.
아들의 한마디가 좋은 아빠가 되고 싶게 해요.

아들의 대답에 "와우! 어떻게 알았지?"라고 반응하며
가정 예배를 이어갔어요.

이야기 둘. 아들의 말

1
아내가 아들과
구파발역으로 알뜰폰을 개통하러 나가는 길이었습니다.

첫째 아들이 뜬금없이

혼잣말인지, 엄마에게 건네는 말인지 모를 어투로
자기 미래에 대해 이야기를 꺼냈습니다.

"가끔 아빠를 보면 아빠가 내 미래라는 생각이 들어.
커서 어른이 되고, 결혼하고,
자식을 낳으면 아빠 같은 모습이겠지?"

이내 아무렇지 않게 한마디 더 했습니다.
"그리고 엄마는 내 아내의 미래라는 생각이 들어."

깊은 한숨을 쉬었고, 그 한숨의 뜻은 기쁨도 슬픔도 아닌
'그런가보다'라는 중립적 사유(?)의 표현이었습니다.

2
아내가 물어보았습니다.

"요한이는 어떤 아내를 맞이하면 좋겠어?"
"이왕이면 예뻤으면 좋겠어."

하하하. 엄청 철학적으로 말하는가 싶더니
결론은 예쁜 아내를 맞이하고 싶답니다.

'아들아, 엄마는 아빠에게 충분히 예쁘단다.'

아, 이럴 때는
'아빠에게 엄마는 세상 최고로 예쁘다고 표현하는 게 필요하단다'라고
귀띔을 해주어야겠습니다.

3
아빠와 엄마를 보면서 자기의 미래를 본다는
아들의 말이 가슴 깊이 다가옵니다.

내가 우리 아들의 미래를 미리 보는 창이라니.
아들을 통해
또 들려주는 것 같습니다.

아들과의 대화가
부모로서 성숙을 위한 여정의 메신저라는 생각이 들곤 합니다.
아빠가 자기의 미래라는 아들의 말이 묵직하게 다가옵니다.

2019. 7. 17. 아빠의 일기

이야기 셋. 진짜 대화하고 있는가?

1
지역사회 놀이 동아리 회원들로 구성된
종합복지관 주부들을 교육할 때의 일이에요.

의사소통 놀이인 '당신을 아는 기쁨' 활동을 하고 나서
피드백을 나누는 시간을 가졌습니다.
한 어머님이 자못 진지한 태도로 눈물을 글썽이며
활동의 소감을 들려주었습니다.

"이 놀이를 하고 나니 제가 지금까지 우리 아이와 했던 건
진짜 대화가 아니었다는 생각이 들었어요. 우리 아이에게 미안했어요."

"제가 우리 아이에게 했던 말은 주로 세 가지 형태였어요.
'뭐 했어?', '뭐 해!', '뭐 하지 마!'
일방적이었던 거죠. 대화가 아니라 통제였어요."

2
그분 덕분에 함께한 모두가
자녀와 나누고 있는 대화에 대해

깊이 돌아볼 수 있는 시간을 가질 수 있었습니다.

나는 우리 자녀와
어떤 대화를 나누는지 다시금 생각해봅니다.

분명한 것은, 우리가 함께하는 자녀는
내 소유도, 관리와 통제의 대상도 아니라는 사실입니다.

3
아이와의 바람직한 관계를 맺고,
자녀의 행복을 바라고 건강한 성장을 기대한다면
사실, 아이들을 바꾸려 하기보다
나를 돌아보고 내가 변화해야 합니다.

있는 그대로, 독립된 인격체로
우리 아이를 존중하고 받아들이면서 함께하고,
함께 자라는 지혜를 찾고 훈련해야 합니다.

다만, 알고 있는 지식과 자녀를 향한 마음과 달리
내 태도로 드러나는 게 쉽지 않겠지만
나와 자녀의 대화를 들여다보고
좀 더 서로 존중하는 대화를 나누려 노력해야겠습니다.

이야기 넷. 부름

1
작년에 충북 음성으로
가족 놀이프로그램 강의를 다녀왔습니다.

한 어머님의 말씀이 기억에 남습니다.
부모와 자녀의 대화 활동을 마치고

소감을 나눌 때입니다.

"우리 아이가 엄마에게 가장 듣기 싫은 말이
'야!, 너!'라는 말에 충격을 받고 반성하게 됐어요.
은연중에 나도 모르게 그렇게 말하고 있었음을 발견했어요."

2
어린이들은 부모로부터
자기 존재 가치의 확신과 건강한 자아 형성에
결정적인 영향을 받는다는 사실을 누구나 알고 있습니다.
가장 의미 있는 중요한 타자이기 때문입니다.

그런 의미에서
부름은 정말 중요한 위치를 차지합니다.
부름은 곧 마음이고 태도이기 때문입니다.

어머님의 진솔한 고백과
어린이의 말을 통해
다시금 중요한 사실을 되새겨봅니다.

우리는 누군가의 진솔한 나눔으로
다 같이 귀한 진실과 마주하는 기회를 얻습니다.
즐겁고 고마운 만남이었습니다.

3
나는 우리 자녀를 어떻게 부르고 있을까?
특히, 내 마음 다스리기 어려운
숱한 상황과 자녀의 모습을 마주할 때

내 부름은 어떤 모습일까?
생각해볼 일입니다. 나를 돌아볼 일입니다.

풍선 날리기 달인, 병 뒤집기 달인 등
다소 엉뚱하고 단순한 도전이 있는 놀이가 담겨 있습니다.
종목에 따라, 또 같은 종목도
그날그날 오늘의 달인이 달라지지요.
비교하거나 등수를 가리기보다
서로 기뻐하고 축하해주세요.
달인의 이름으로 조촐한 가족 파티도 가져보세요.

5장

달인 놀이

계란판 농구

탁구공을 튕기거나 던져서 계란판에 넣는 놀이입니다.

준비물: 탁구공 50-70개, 계란판(30구)

1. 벽이 가까운 바닥에 계란판을 놓습니다.

2. 순서를 정하여 한 사람씩 30초 동안 탁구공을 튕기거나 던져서 얼마나 넣었는지 개수를 셉니다.

3. 한 사람이 탁구공을 던지는 동안, 다른 사람은 응원해주거나 계란판 밖으로 나간 탁구공들을 모아 다시 던지는 사람에게 빨리 전해줍니다.

4. 오늘의 달인이 누구인지 알아봅니다. 축하와 격려를 잊지 마세요.

tip: 서로 응원하고, 도와주면서 즐기는 분위기를 만들어보세요.

같은 놀이 다르게

* 가족끼리 팀을 나눠서도 할 수 있습니다.
* 마주본 형태로 동시에 상대편 계란판에 공을 넣는 식으로도 할 수 있습니다.
* 계란판을 계단처럼 3단으로 만들어 층별로 점수를 달리하여 즐길 수도 있습니다.

통통통 농구

출발선에서부터 공을 총 세 번 튕겨 골대에 넣는 놀이입니다.

준비물: 탁구공, 작은 통 또는 상자

1. 벽이 가까운 바닥에 작은 통이나 상자를 놓습니다. 바닥보다 조금 높은 곳에 두어도 괜찮습니다.

2. 순서를 정한 다음 첫 번째 사람부터 도전합니다. 미리 정해둔 선을 넘지 않도록 서서 공을 세 번 튕겨 골대(통)에 넣는 게 목표입니다.

3. 성공하는 데 얼마나 걸렸는지 시간을 잽니다.

4. 같은 방식으로 마지막 사람까지 해봅니다. 나만의 최고 기록에도 도전해보세요.

같은 놀이 다르게

* 몇 번 만에 성공하는지 알아보는 방식으로 할 수 있습니다.
* 거리를 점점 넓히거나, 놀이 중간에 줄이나 막대기로 장애물을 설치해 도전 수준을 높일 수 있습니다.

5-3 계란판으로 탁구공 받기

서로 협력하여 짝이 던져주는 탁구공을 계란판으로 받는 놀이입니다.

준비물: 탁구공 50개, 계란판

1. 아빠와 자녀 중 한 사람은 탁구공을 던져주고, 다른 한 사람은 받는 역할을 정합니다.

2. 서로 약속한 거리만큼 떨어진 상태에서 한 사람이 탁구공을 던져주면 다른 한 사람은 계란판을 두 손으로 잡은 채 머리에 이고 요리조리 움직여 탁구공을 받습니다.

3. 1분 동안 몇 개의 탁구공을 받았는지 알아봅니다.

tip 하나: 계란판을 머리에 인 채 탁구공을 받도록 하면 더 재밌어요.

tip 둘: 거리를 멀리하여 도전 수준을 높일 수 있어요.

탁구공 탈출

티슈 상자의 양옆을 뚫어 고무줄을 매달고 탁구공 10개를 채워 넣은 다음, 허리에 매고 몸을 움직여 탁구공을 최대한 빨리 밖으로 빼내는 놀이입니다.

준비물: 탁구공 10개, 티슈 상자, 칼 또는 가위, 줄

1. 그림처럼 티슈 상자의 윗면은 탁구공이 빠져나올 수 있도록 적당한 크기로 구멍을 내고, 옆면을 뚫어서 줄을 엮어 기구를 제작합니다.

2. 상자 안에 탁구공 10개를 넣어둡니다.

3. 순서를 정한 다음 첫 번째 사람부터 도전합니다.

4. 도전자는 허리에 기구를 매고 온몸을 흔들거나 뛰어서 탁구공을 밖으로 빼 냅니다.

5. 모든 탁구공을 탈출시키는 데 시간이 얼마나 걸리는지 기록합니다.

6. 최단 시간에 성공하도록 도전해보고, 어울리는 달인의 이름도 붙여주세요.

tip: 몸을 흔들어 탁구공을 빼내다 보면 스트레스도 풀리고, 우리 가족의 귀여운 춤 실력도 감 상할 수 있지요.

같은 놀이 다르게

* 기구를 사람 수만큼 만든 다음, 동시에 서로 마주보면서 할 수도 있습니다.
* 일정 시간 안에 얼마나 많은 탁구공을 탈출시켰는지 알아보는 방식으로도 가능합니다.
* 두 사람이 짝을 이루어 한쪽씩 줄을 잡고 흔들어서 탁구공을 탈출시키는 방식으로도 할 수 있 습니다.

줄 따라 탁구공 옮기기

계란판(30구)의 한 줄에 탁구공 5개를 나란히 둔 다음,
탁구공이 다음 줄로 나란히 옮겨갈 수 있게끔 튕겨내는 놀이입니다.

준비물: 계란판(30구), 탁구공 5개

1. 계란판(30구) 한 줄에 나란히 탁구공 5개를 놓습니다.

2. 순서를 정한 다음 한 사람씩 도전합니다. 계란판을 양손으로 잡고 살짝 튕겨서 탁구공을 한 줄씩 옮기는데, 모든 탁구공이 동시에 다음 줄로 이동해야 합니다.

3. 공이 하나라도 밖으로 떨어지거나, 다른 줄로 이동하면 처음부터 다시 시작합니다.

4. 몇 번 만에 성공하는지 알아봅니다.

같은 놀이 다르게

* 처음에는 공을 3개로 하고, 점점 개수를 늘려 도전 수준을 높일 수 있습니다.
* 다 같이 한 줄로 서서, 한 사람이 한 줄씩 이동시키는 '릴레이 방식'으로, 한 번도 떨어지지 않게 한 바퀴 또는 두 바퀴를 돌도록 할 수도 있습니다.

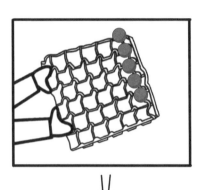

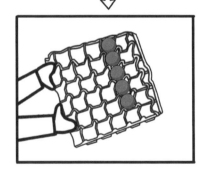

컵 위의 탁구공

물이 담긴 종이컵에 탁구공을 던져 넣어 가장 많은 컵에
탁구공을 넣는 놀이입니다.

준비물: 물이 반쯤 담긴 컵 9개, 탁구공 50-70개

1. 그림처럼 반쯤 물이 담긴 컵 9개를 배치합니다. 물 대신 컵을 고정할 수 있는
   물건을 넣어도 좋습니다.

2. 순서를 정한 다음 한 명씩 1분 동안 탁구공을 던지거나 튕겨서 모든 컵에 탁
   구공을 넣도록 합니다.

3. 공이 들어간 컵의 개수를 세어 기록합니다. 공이 아닌 컵의 개수를 세기 때문
   에 한 컵에 공이 2개, 3개가 들어가도 1개로 간주합니다.

4. 가장 많은 컵에 공을 넣도록 도전해봅니다.

tip: 컵 안에 물 대신 물건을 넣어 컵이 쓰러지지 않게 고정할 수 있어요.

같은 놀이 다르게

* 둘이 짝을 이뤄 협력해서 넣는 방식으로 할 수 있습니다.
* 짝의 조합을 다양하게 구성해서 도전해봅니다.

명투수

피라미드 형태로 쌓은 3개의 종이컵 세트 3개를 향해
신문지 공을 던져 책상 밖으로 내보내는 놀이입니다.

준비물: 종이컵, 신문지 또는 볼풀공

1. 평평한 탁자 위에 종이컵 3개를 둔 다음, 2층탑을 쌓는 식으로 2개를 더 쌓습니다. 총 3개의 종이컵 세트를 적당한 간격으로 나란히 배치합니다.

2. 순서를 정한 다음, 첫 번째 투수부터 미리 정해둔 선에 서서 신문지 공으로 종이컵을 맞혀서 모두 쓰러트립니다.

3. 모든 종이컵 세트를 쓰러트린 시간을 재어보세요. 최단 기록에 도전해봅니다.

tip: 종이컵을 두는 위치나 탑 모양을 달리하여 즐겨보세요.

같은 놀이 다르게

* 팀으로도 즐길 수 있습니다.
* 3판 2승제로 할지, 최단 기록에 도전해볼지 의논해서 정해보세요.

거꾸로 세우기

세워둔 10개의 페트병을 손으로 잡아서
최단 시간 내에 거꾸로 돌려세우는 놀이입니다.

준비물: 빈 페트병 10개

1. 200ml 또는 500ml 페트병 10개를 세워둡니다.

2. 시작과 함께 페트병 한 개씩 손으로 잡고 거꾸로 돌려세우는 방식으로 차례
대로 10개를 최단 시간에 성공해봅니다. 세우다가 넘어진 페트병은 재빨리
다시 세웁니다.

같은 놀이 다르게

* 페트병 대신에 카드나 동전을 뒤집는 방식으로도 할 수 있습니다.

사과 탑 쌓기

사과 또는 귤로 5층 탑을 쌓는 놀이입니다.

준비물: 사과 또는 귤 5개

1. 평평한 바닥에 사과 다섯 개로 5층 탑을 쌓습니다.

2. 5층 탑을 쌓고 나서 3초 동안 무너지지 않으면 성공입니다. 탑이 무너지면
   처음부터 다시 쌓아야 합니다.

같은 놀이 다르게

* 귤 또는 캔·종이컵으로도 할 수 있습니다.

* 최고 몇 개까지 쌓을 수 있는지 알아보는 방식으로 할 수도 있습니다.

빨대 선풍기

빨대로 입김을 불어 일렬로 세워둔 10개의 종이컵을
쓰러트리는 놀이입니다.

준비물: 빨대, 종이컵 10개

1. 책상 위에 종이컵 10개를 나란히 세웁니다.

2. 시작과 함께 빨대로 입김을 불어 종이컵을 책상 밖으로 내보냅니다. 최대한
   빨리 종이컵을 내보내는 데 도전합니다.

tip: 저학년 자녀를 위해 구멍이 큰 빨대로 하면 좋습니다.

같은 놀이 다르게

* 종이컵 대신에 쪽지를 활용할 수 있습니다.

빨대 흡착기

5개의 쪽지가 담긴 접시와 빈 접시를 나란히 둔 다음,
빨대로 빨아들인 쪽지를 빈 접시에 옮기는 놀이입니다.

준비물: 빨대, 5개의 쪽지, 접시 2개

1. 책상 위에 일정 간격을 두고 접시 2개를 놓습니다.

2. 접시 한쪽에는 쪽지 5개를 두고, 다른 접시는 비워둡니다.

3. 시작되면 쪽지가 빨대에 달라붙도록 바람을 빨아들여 재빨리 빈 접시에
   옮깁니다.

4. 손으로 쪽지를 잡아서는 안 되며, 쪽지가 떨어지면 떨어진 지점에서 빨대로
   옮깁니다.

5. 최대한 빨리 쪽지 5개를 다 나르는 데 도전합니다.

같은 놀이 다르게

* 쪽지 대신에 휴지 조각으로 할 수도 있습니다.

탁구공 한 줄 빙고 만들기

계란판(30구) 여기저기 탁구공 5개를 흩어놓고, 계란판을 튕겨서 탁구공 5개가 가로 또는 세로, 대각선으로 한 줄을 만드는 놀이입니다.

준비물: 탁구공 5개, 계란판(30구)

1. 계란판 위에 그림처럼 5개 탁구공을 여기저기 배치합니다.

2. "시작"과 함께 계란판을 양손으로 잡고 살짝살짝 튕겨서 최대한 빨리 탁구공이 가로 또는 세로, 대각선으로 한 줄이 되도록 합니다.

3. 탁구공 빙고 달인이 되어봅시다.

tip: 탁구공이 밖으로 떨어지면 계란판 모퉁이 중 한 곳에 다시 놓고 하면 됩니다.

같은 놀이 다르게

* 한 줄을 만드는 대신 사각형, 십자가 등 다양한 모양에 도전해볼 수 있습니다.

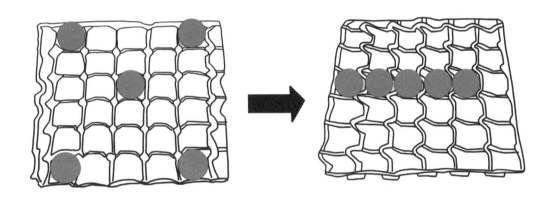

풍선 바람 운전

풍선 바람을 이용해 종이컵을 길을 따라
목적지까지 최대한 빨리 운전하는 놀이입니다.

준비물: 풍선, 종이컵

1. 책상이나 바닥에 적절한 폭과 넓이, 길이의 굽은 길을 만듭니다.

2. 출발선에 종이컵을 거꾸로 놓습니다.

3. "출발"이란 소리에 풍선을 불어서 풍선 입으로 손으로 잡고 적당히 풀면 서 새어 나오는 바람을 이용해 길을 따라 종이컵을 몰고 갑니다.

4. 중간에 길을 벗어나면 처음부터 다시 합니다.

5. 목적지까지 얼마나 걸렸는지 시간을 재어봅니다.

tip 하나: 자녀가 풍선을 불지 못하면 도와주세요.

tip 둘: 자녀와 함께 주변 물건을 활용해 도전할 길을 직접 만들어보세요.

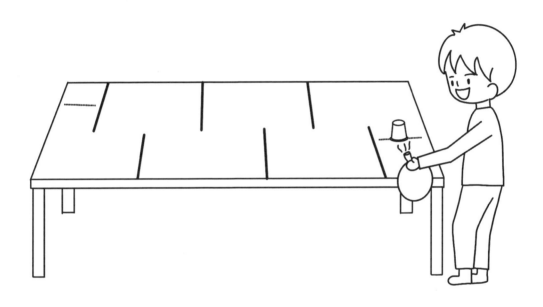

쟁반 위에 탁구공 탈출

최대한 빨리 쟁반 위의 탁구공을 입으로 불어서
하얀색 공만 남기고 밖으로 내보내는 놀이입니다.

준비물: 쟁반, 주황색 탁구공 30개, 하얀색 탁구공 1개

1. 쟁반 위에 주황색 탁구공 30개, 하얀색 탁구공 1개를 올려둡니다. 하얀색 탁구공은 주황색 탁구공들 사이에 놓습니다.

2. 시작 신호에 따라 최대한 빨리 입으로 주황색 탁구공을 쟁반 밖으로 내보냅니다. 만약 중간에 하얀색 탁구공이 밖으로 나가면 처음부터 다시 도전합니다.

3. 하얀색 탁구공만 남을 때까지 하며 시간이 얼마나 걸렸는지 재어봅시다.

tip: 탁구공이 한 가지 색깔만 있다면 쟁반 위에 남길 탁구공 한 개에만 별도의 표시를 하면 돼요.

같은 놀이 다르게

* '사', '랑', '해' 또는 '치', '킨' 식으로 특정 글자가 적힌 탁구공만 남기는 방식으로 할 수 있습니다.

이야기 하나. 달인에 대하여

1
캠프장에서 도와달라는 요청을 받고
아내가 요엘이와 함께 캠프 식당 섬김 일로 홍천 캠프장에 갔습니다.

내가 요한이 하교를 책임져야 했지요.
하교 시간에 맞게 도착해서 요한이를 기다리고 있었습니다.

아들이 아빠를 보자마자 반가운 인사를 짧게 나누고는
줄넘기 연습 좀 하고 가자고 합니다.

아들은 요즘 줄넘기에 빠져 있습니다.
학교에서 줄넘기 수업을 했나 본데
한 개밖에 못 하던 걸
아내가 세 개까지 할 수 있도록 도와줬습니다.

스스로 즐거움과 도전 의식이 생겼는지
혼자 열심히 연습합니다.
자기가 즐거워서 하니 그것만으로도 고맙습니다.

이미 다른 친구들은 8자 돌리기며,
30개, 50개까지 하는 친구들도 많은데 상관없나 봅니다.

오호, 30분 정도 하더니 실력이 제법 늘었어요.
열 개를 넘기도 했습니다. 감격스러웠어요.
스스로 뿌듯했는지
주변에 있던 같은 반 여자 친구들에게도 보여줍니다.

2
요한이의 줄넘기는 신기합니다.
뛰는데 뛸 때마다 조금씩 앞으로 갑니다.

제자리에서 뛰질 않습니다.

나는 요한이를 보면서 코칭을 해주려는데
같은 반의 여자 친구가 요한이에게 놀랍다는 듯이
진심을 담아 말을 건네는 게 아니겠어요?

"요한아, 너 대단하다. 어떻게 하는 거야?
나도 해봐야겠다."

관점이 다릅니다.
그 친구의 눈이 참 곱고 예쁩니다. 어린이답다는 생각이 들었습니다.
어린이의 시선을 통해 또 배웁니다.

자기 도전의 길 가운데
분명, 그 친구의 반응과 한마디는
요한이에게 큰 격려가 되고, 힘이 된다는 것을 알았습니다.

요한이는 그 친구 덕에
자신의 줄넘기 자세에 위축되지 않고
오히려 즐기면서 열심히 연습에 임했습니다.

난 요한이가
앞으로 나가면서 줄넘기하는 자세를 고쳐주려 하던 마음을
고쳐먹었습니다. 대신 다른 방법을 택했습니다.

3
줄넘기 연습을 마치고
아들이 만두 대신 아이스크림을 하나 사 먹자고 합니다.
아니 먹고 싶다고 합니다.

오늘은 아빠와 요한이 둘만의 특별한 날이니
하나 사 먹자고 했어요.

3학년 아들과 손을 잡고 도서관 가는 길,
뜬금없이 아들이 나를 바라보며 고백(?)했습니다.

"나를 위해 모든 것을 던질 수 있는 아빠가 있어 든든하고 좋아요."

모든 것을 던지지 않을 수 없게 하는 한마디,
아들의 한마디가
진짜 그런 아빠가 되고 싶게 만듭니다.

4
요한이는 그날 이후로
며칠 동안 어디서든 줄넘기를 했습니다.
신기하게도 줄넘기에 몰두하더니
30개, 50개까지도 할 수 있게 되었습니다.

스스로 뿌듯했나 봅니다. 기쁨에 차 계속 도전합니다.
아들이 줄넘기 놀이를 하듯이
인생도 그렇게 살았으면 좋겠습니다.

며칠 전 아들과 산책하던 밤,
"요한이는 어떤 삶을 살고 싶어?"라는 물음에
"나를 찾아가는 삶을 살아가고 싶어"라고 대답하던
아들의 말이 맴돕니다.

조금 느려도 개의치 않고, 빼어나지 않아도 위축되지 않으며
남과의 비교와 평가로부터 자유로워져
자기다움을 찾아, 나답게 살아갈 수 있기를 소망합니다.
그게 진정한 자기 삶의 달인이자, 고수가 아닐까요.

요한이와 함께하면서
부모로서의 태도와 지혜를 묻고 찾게 됩니다.

서로 믿고, 도와서 함께 해결하는
협동 놀이가 담겨 있습니다.
성공의 결과만큼 가족이 한 몸이 되어
서로 소통하고 협력하며 격려하고 지지하면서
해결해 나가는 과정 역시 중요합니다.
우리 가족에게 맞는 목표를 정해서
낮은 단계에서 높은 단계로 도전 수준을 높여보세요.

6장

협동 놀이

6-1 보물찾기

보물을 숨기고 찾는 놀이입니다.

준비물: 쪽지 또는 보물로 정한 물건들, 간식

1. 자녀와 보물로 사용할 물건을 정해봅니다.

2. 아빠가 보물을 숨기고, 자녀가 찾는 역할을 합니다.

3. 아빠가 보물을 다 숨기고 나면, 자녀가 찾도록 합니다.

4. 다 찾으면 축하해주고, 역할을 바꿔서도 해봅니다.

tip: 자녀가 스스로 보물을 찾도록 응원하고 기다려주세요.

같은 놀이 다르게

* '보물', '꽝', '다음 기회에'처럼 쪽지로 할 수도 있습니다.
* 우리 집 보물 지도를 그려서 그림에 보물이 있는 대략적인 위치를 표시하여 보물을 찾는 방식으로 할 수도 있습니다.

6-2 다람쥐 집 찾아가기

신문지 양탄자 한쪽 끝에 놓인 공을 곳곳에 파인 함정을 피해
반대쪽 끝에 다람쥐 집에 해당하는 구멍에 넣는 놀이입니다.

**준비물: 신문지, 테이프, 여러 크기의 공
(작은 탱탱볼, 탁구공 등)**

1. 그림처럼 신문지를 펴서 길게 이어붙여 신문지 양탄자를 만들고 곳곳에 구멍을 뚫어 함정을 만듭니다.

2. 두 사람은 서로 반대편에 서서 신문지 양탄자 끝을 잡고 섭니다.

3. 작은 탱탱볼을 신문지 양탄자 한쪽 끝에 올립니다.

4. 시작되면 서로 협력해서 신문지 양탄자를 요리조리 움직여 공이 함정을 피해 반대편 다람쥐 집에 해당하는 구멍에 들어가도록 합니다.

tip: 신문지가 잘 찢어지지 않도록 가장자리를 테이프로 붙이면 좋습니다.

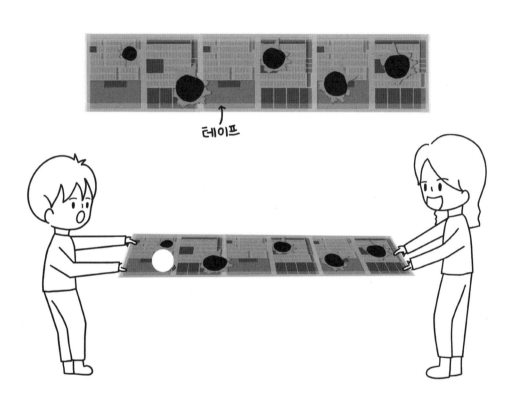

테이프

6-3 피라미드 탑 쌓기

고무줄 고리로 피라미드 형태로 쌓은 컵을 하나하나 옮겨
똑같은 모양을 만드는 놀이입니다.

준비물: 두꺼운 고무줄(70*5mm), 파라코드 줄(6mm), 종이컵

1. 각각 2개, 1개를 쌓아 올려 2층짜리 컵 피라미드를 세웁니다.

2. 다 같이 고무줄 고리에 달린 줄 끝부분을 1-2개씩 잡고 컵 피라미드 앞에 섭니다.

3. 시작과 함께 먼저 줄을 당겨 고리를 만들어 컵이 쏙 들어가게 한 뒤 협력해서 반대편 목표 지점에 옮깁니다. 옮길 때도 기존과 동일한 모양의 피라미드 컵을 쌓아봅니다.

4. 도중에 컵이 넘어지거나 탑이 무너질 때 손으로 만질 수 없습니다. 오직 줄을 이용해서만 컵을 쌓아야 합니다.

5. 컵 피라미드를 한 층씩 높게 쌓아 단계별로도 도전해봅니다.

tip: 파라코드 줄이 아닌 집에 있는 털실이나 대체할 수 있는 다른 줄로 해도 괜찮습니다.

같은 놀이 다르게

* 피라미드가 아닌 다른 모양을 정해서 해보세요.
* 한 사람은 설명하고, 다른 사람들은 눈을 감고 설명에 따라 탑을 쌓는 방식으로 도전할 수도 있습니다.

기구제작법

1. 두꺼운 고무 밴드(70*5mm)에 6mm 파라코드 줄을 연결해 손잡이를 만듭니다. 줄의 길이는 50cm-70cm가 적절합니다. 줄 끝은 손잡이 부분으로 테이프로 표시해두면 좋습니다.

2. 인원수에 따라 한 사람에 1-2개의 줄을 잡을 수 있게 6-8개 정도 만듭니다.

6-4 지뢰 위치 추적

문제를 내는 사람을 제외한 가족들 모두가 지뢰의 위치가 표시된 지도를 3초 동안 본 다음, 지뢰의 위치를 정확하게 기억해내는 놀이입니다.

준비물: 지뢰 위치도, 바둑알, 3*3 빙고 용지

1. 아빠는 가족들에게 지뢰 위치가 표시된 지도(3*3 모양)를 3초 동안만 보여주고 덮습니다.

2. 지도를 보기 전, 지뢰를 찾아야 하는 사람들은 어느 곳을 중점적으로 볼 것인지 작전을 짜는 시간을 가집니다.

3. 지도를 보는 3초 동안 지뢰의 위치를 정확하게 기억합니다.

4. 3*3 모양의 빈 빙고 용지에 지뢰가 표시된 위치를 기억해 바둑알을 놓습니다.

5. 성공하면 역할을 바꾸어서 해봅니다.

tip 하나: 역할을 바꿔 여러 번 진행할 것을 대비하여 미리 여러 장의 지도를 만들고, 여분의 빈 지도를 준비해둡니다.

tip 둘: 자녀가 그 자리에서 직접 지도를 만들어보도록 하세요.

같은 놀이 다르게

* 바둑알 대신 새끼손톱만 한 종이 공을 만들어 쓸 수 있습니다.
* 자신감이 쌓이면 칸의 크기를 4*4, 5*5로 만들어 도전 수준을 높입니다.
* 지뢰 위치를 표시하는 대신 미로를 통과하는 경로를 그려서, 경로를 따라 미로를 탈출하는 방식으로 할 수 있습니다.

하나, 둘, 셋

단어 기억하기

한 문장이 한 글자씩 흩어져 있는 글자 지도를 보고
정답 문장을 맞추는 놀이입니다.

준비물: 4*4 글자 지도

1. 아래 그림과 같이 낱자로 된 글자들을 기억하고 조합하여 어떤 단어인지를 알아맞혀야 합니다. 지뢰 위치 추적(6-4)과 같은 방식으로 진행하되, 지뢰 위치가 아닌 단어를 찾아내는 놀이입니다.

2. 두 글자의 짧은 단어부터 시작해서 점점 글자 수를 늘려가며 도전해봅니다.

tip: 표를 5*5, 6*6으로 하여 도전 수준을 높이거나, 3*3으로 하여 쉽게 할 수 있어요.

			고
엄		마	
	는		
		최	

6-6 장애물 통과

장애물을 설치해놓고, 눈가리개를 쓴 한 명이 장애물을 피해
도착 지점까지 갈 수 있도록 다른 가족들이 말로 설명해주는 놀이입니다.

준비물: 눈가리개, 장애물(줄, 공, 막대기, 의자 등)

1. 도착 지점까지 가는 길에 줄, 공, 의자 등의 물건들로 장애물을 만듭니다.

2. 바깥에서 오직 말로만 안내할 수 있으며, 장애물이 몸에 닿으면 처음부터 다시 시작합니다.

3. 한 명이 성공하면 다른 가족들도 순서대로 눈가리개를 쓰고 장애물을 통과해봅니다.

tip: 성공보다도 안전하게 잘 통과할 수 있도록 마음과 지혜를 모아보세요.

같은 놀이 다르게

* "가", "멈춰"와 같이 사전에 정한 두세 가지 신호만으로 길을 안내할 수도 있습니다.

도착

믿음의 운전사

아빠를 제외한 다른 가족들은 모두 눈가리개를 쓰고, 아빠가 주는 신호에 맞춰 공이 있는 곳까지 가서 공을 줍고 다시 이동해 공을 작은 통에 넣는 놀이입니다.

준비물: 눈가리개, 작은 통, 공(인원수만큼)

1. 가족들끼리 오른쪽, 왼쪽, 정지, 직진을 알리는 신호를 정합니다.

2. 가족들은 앞사람의 어깨에 손을 올리고 기차처럼 일렬로 섭니다. 아빠는 맨 뒤에 섭니다.

3. 아빠를 제외하고는 모두 눈을 감습니다.

4. 아빠가 먼저 신호를 보내면 차례로 맨 앞사람까지 약속된 신호를 전달합니다. 약속된 신호에 따라 오른쪽, 왼쪽, 정지, 직진으로 움직입니다.

5. 공이 있는 위치로 이동해 공을 잡은 다음, 다시 통이 있는 곳으로 이동해 통에 공을 넣으면 됩니다.

6. 서로 역할을 바꿔서도 해봅니다.

같은 놀이 다르게

* 처음엔 두 명씩, 나중엔 다 같이 해보는 식으로 단계를 두어 도전해보세요.

소리 X
신호 O

독거미줄

거미줄을 설치한 다음, 거미줄이 몸에 닿지 않도록 피하면서
도착 지점까지 가는 놀이입니다.

준비물: 털실

1. 그림처럼 털실을 이용하여 거미줄을 설치합니다.

2. 미리 정해둔 출발선에서부터 거미줄에 몸이 닿지 않고 도착 지점까지 통과
   합니다.

3. 몸이 줄에 닿으면 처음부터 다시 시작합니다.

4. 성공할 때까지 여러 번 시도해봅니다.

tip 하나: 자녀의 수준에 맞게 거미줄의 난이도를 조절합니다.

tip 둘: 나중에는 자녀가 직접 거미줄을 설치해보도록 합니다.

같은 놀이 다르게

* 알약이 2개 있다고 가정하고 거미줄에 닿으면 알약으로 치유할 수 있는 규칙을 추가해보
  세요.
* 거미줄이 설치된 공간에 작은 물건(공, 양말 등)을 두어 줄에 닿지 않고 물건을 빼내오는 방
  식으로 할 수 있습니다.

6-9 고무줄 활쏘기

한 사람이 의자와 고무줄로 만든 활로 종이 화살을 쏘고,
다른 사람은 통으로 받는 놀이입니다.

준비물: 노란 고무줄(120*5mm), 색종이(4분의 1 크기), 통 3개

1. 그림처럼 의자 다리에 고무줄을 걸어 활을 만듭니다.

2. 한 사람이 고무줄 활을 이용해 종이 화살을 쏘면 다른 한 사람이 통으로 받습니다.

3. 순서대로 하나씩, 각자 총 10개의 종이 화살을 쏩니다.

4. 처음에는 큰 통부터 도전하고, 점점 작은 통으로 단계를 높여 시도해봅니다. 최대한 많이 받을 수 있도록 서로 협력합니다.

tip 하나: 화살은 미리 10개를 만들어두면 좋습니다.

tip 둘: 종이 화살 대신에 작은 탱탱볼로 할 수도 있습니다.

같은 놀이 다르게

* 자녀에게 화살을 받을 통이나 바구니를 구해오도록 해서 직접 고른 것으로 합니다.

* 이 놀이를 하기 전에 종이 화살 멀리 날리기를 하면서 몸을 풀어보세요.

종이 화살 제작법

1. 색종이를 1/4크기로 잘라서 대각선으로 반 접습니다.

2. 다시 반으로 한 번 더 접으면 완성됩니다.

한 몸 공 던지고 받기 (1)

온 가족이 둥그렇게 선 다음, 동시에 신문지 공을 위로 던지면서 오른쪽으로 이동해 오른쪽 사람의 공을 받는 방식으로 한 바퀴를 도는 놀이입니다.

준비물: 신문지 공

1. 각자 신문지 공을 1개씩 들고 원 대형으로 서로 얼굴을 마주본 형태로 섭니다.

2. 다 같이 "하나, 둘, 셋"을 외친 다음 각자의 공은 머리 위로 던지고 몸은 재빨리 오른쪽으로 이동해 오른쪽 사람이 던진 공을 받습니다.

3. 한 명도 공을 떨어뜨리지 않고 잡아야 합니다. 공을 떨어뜨리면 처음부터 다시 시작합니다.

4. 누구도 공을 떨어뜨리지 않고 받는 식으로 한 바퀴를 돌면 성공입니다.

tip: 놀이를 시작하기 전에 두 사람씩 공을 주고받으면서 연습해보세요.

한 몸 공 던지고 받기 (2)

한 몸 공 던지고 받기 (1)의 심화 놀이로,
공 대신 종이컵을 이용하여 공을 받는 놀이입니다.

준비물: 신문지 공, 종이컵

1. 각 사람은 종이컵을 뒤집어서 그 위로 공을 올려두고 원 대형으로 섭니다.

2. 다 같이 "하나, 둘, 셋"을 외친 다음 종이컵에 올려둔 공을 머리 위로 띄우고 몸은 재빨리 오른쪽으로 이동해 자신의 컵을 뒤집어서 오른쪽 사람이 띄운 공을 종이컵으로 받습니다.

같은 놀이 다르게

* 사전에 종이컵으로 공을 자기 머리 위로 띄운 다음 종이컵을 재빨리 뒤집어서 자신이 던진 공을 받는 식으로 연습해봅니다.

* 두 사람씩 짝을 이루어서 서로 주고받는 식으로 해봅니다. 목표 횟수를 정해 도전해보세요.

뒤로

받기

6-12 줄 풍선 살리기

두 명이 맞잡은 줄을 이용하여 풍선을 튕기는 놀이입니다.

준비물: 헌 옷 또는 줄(스태틱로프, 인원수만큼), 풍선

1. 그림과 같이 마주서서 평행하게 두 줄을 잡습니다. 줄 대신 헌 옷이나 긴 수건을 활용해도 됩니다.

2. 서로 협력해서 목표 횟수만큼 풍선을 머리 위로 띄웁니다.

3. 손으로 풍선을 만지거나, 풍선이 땅에 떨어지면 처음부터 다시 합니다.

4. 목표 횟수를 정해 도전해봅니다.

tip: 목표 횟수 대신에 목표 시간에 도전할 수도 있어요.

같은 놀이 다르게

* 줄이 얇을수록 도전 수준이 높아집니다. 두 줄이 아닌 한 줄로 해볼 수 있습니다.
* 줄을 교차해 서로 걸리도록 만들어서 할 수도 있습니다.
* 줄 대신 앞 사람과 손을 잡고 서서 할 수도 있습니다.
* 풍선의 개수를 2개로 늘려 도전해보세요.

6-13 줄 풍선 나르기

줄 풍선 살리기(6-12)의 심화된 놀이로, 풍선을 튕겨
목표 지점에 있는 통에 넣는 놀이입니다.

준비물: 줄 2개(스태틱로프, 인원수만큼), 풍선

1. 벽 가까이에 통을 놓습니다.

2. 줄 풍선 살리기(6-12)처럼 서로 마주 서서 줄을 잡습니다.

3. 서로 협력해서 풍선을 튕겨 목표 지점까지 옮깁니다.

4. 도착 지점에 둔 통에 풍선을 넣으면 성공입니다.

5. 손으로 풍선을 만지거나, 풍선이 땅에 떨어지면 처음부터 다시 합니다.

6. 몇 번 만에 성공하는지 도전해봅니다.

같은 놀이 다르게

* 줄 대신에 보자기 같은 천으로 할 수도 있습니다.

밧줄 위의 공

서로 마주서서 팽팽하게 잡은 줄 위로 공을 굴려 통에 넣는 놀이입니다.

준비물: 줄, 작은 공, 통

1. 서로 마주서서 그림처럼 줄을 팽팽하게 잡습니다.

2. 줄 위에 공을 올려놓고, 줄을 타고 이동할 수 있도록 공을 굴린 다음 바닥에 있는 통에 넣습니다. 공은 스펀지볼(소형), 탁구공 등 작은 공이면 됩니다.

tip: 공이 통 위로 왔을 때 줄을 살짝 벌리면 통 안에 쏙 들어갑니다.

같은 놀이 다르게

* 큰 통에서 작은 통으로, 줄의 높이가 낮은 지점에서 높은 지점으로 변화를 주어 도전 수준을 높일 수 있습니다.

6-15 나무젓가락으로 책 옮기기

나무젓가락을 세워서 그 위에 책을 올린 다음,
목표 지점까지 옮기는 놀이입니다.

준비물: 나무젓가락, 책

1. 다 같이 나무젓가락을 세워서 그 위에 책을 올립니다. 나무젓가락은 책과 반대편에 있는 끝을 잡도록 합니다.

2. 균형을 잃지 않고 목표 지점까지 안전하게 옮기면 성공입니다.

3. 손으로 책을 잡으면 안 되며, 중간에 책이 바닥에 떨어지면 처음부터 다시 시도합니다.

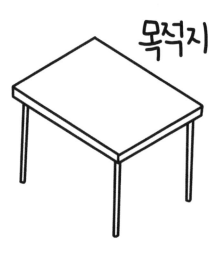

목적지

내가 직접 만드는 탑

종이컵으로 원하는 탑을 높게 쌓는 놀이입니다.

준비물: 종이컵 200개-1,000개

1. 종이컵으로 어떤 모양의 탑을 만들지 이야기 나눕니다.

2. 종이컵을 최대한 높이 천장에 닿을 정도로 쌓아봅니다.

tip 하나: 탑이 아니더라도 상상한 대로 자유롭게 만들어보도록 독려해주세요.

tip 둘: 탑을 쌓다 보면 무너지기도 하는데 격려하며 다시 쌓아보고, 중간중간 작은 성취들을 함께 기뻐하는 시간을 가져보세요.

같은 놀이 다르게

* 탑을 다 쌓고 난 뒤에 신문지 공이나 종이비행기를 날려 쓰러뜨릴 수도 있습니다.

6-17 다람쥐 쳇바퀴 굴리기

신문지로 만든 다람쥐 쳇바퀴를 굴려서
다 같이 목적지까지 이동하는 놀이입니다.

준비물: 신문지, 테이프

1. 그림처럼 테이프를 이용해 신문지를 이어 붙여서 다람쥐 쳇바퀴를 제작합니다.

2. 다 같이 쳇바퀴 안으로 들어가서 각자 어느 위치에 서면 좋을지 의논하여 일렬로 섭니다.

3. "시작"과 함께 다 같이 협력해 쳇바퀴를 굴려서 목적지까지 이동합니다.

4. 중간에 신문지가 찢어지면 찢어진 부위를 테이프로 붙여서 처음부터 다시 도전해봅니다.

tip: 성공을 위해 함께 구호를 정하거나, 어떤 발부터 나갈지, 어떻게 서면 좋을지 활발하게 의논해보세요.

6-18 움직이는 수건 농구

투수가 던져주는 공을 수건으로 받는 놀이입니다.

준비물: 수건 신문지 공 또는 콩주머니

1. 두 사람은 수건 양 끝을 한쪽씩 잡고 섭니다.

2. 다른 한 사람이 반대편에 서서 콩주머니를 던져주면 움직이면서 수건으로 받습니다.

3. 1분 동안 최대한 몇 개를 받는지 알아봅니다.

4. 역할을 바꿔서도 해봅니다.

tip: 콩주머니 대신 집에 있는 인형이나 받을 수 있는 다른 물건으로 해도 좋아요.

같은 놀이 다르게

1. 한 사람이 공을 던지면 다른 한 사람은 훌라후프로 받습니다.
2. 두 사람이 훌라후프 안으로 들어가 함께 받을 수도 있습니다.

협동 제기차기

가족끼리 한 번씩 돌아가면서 바닥에 떨어지지 않도록
제기를 차는 놀이입니다.

준비물: 콩주머니

1. 가족끼리 둥그렇게 섭니다.

2. 순서를 정하여 목표한 개수만큼 제기를 찹니다.

3. 중간에 손으로 잡거나, 제기가 바닥에 떨어지면 처음부터 다시 도전합니다.

4. 옆 사람이 잘 받을 수 있도록 서로 힘과 지혜를 모아봅시다.

tip 하나: 처음에는 발 대신 손으로 도전해보세요.

tip 둘: 콩주머니 대신 풍선이 있다면 한 사람에 한 번씩 머리로 풍선을 쳐서 받는 식으로 할 수 있어요. 어린이들은 풍선을 참 좋아해요.

같은 놀이 다르게

* 두 사람으로 시작해 인원을 늘려서 해보거나, 제기차기 횟수도 점점 높게 조정하여 도전 수준을 높여보세요.

6-20 거인의 탑 쌓기

그림책으로 최대한 높은 탑을 만드는 놀이입니다.

준비물: 그림책

1. 그림책으로 어떤 탑을 쌓을지, 어떻게 튼튼하게 쌓을 수 있을지 함께 이야 기 나눕니다.

2. 그림책을 활용해 천장이 닿을 때까지 최대한 높은 탑을 만들어봅니다.

tip: 안전에 유의할 필요가 있어요. 부모는 미리 자녀와 위험요소에 관해 이야기 나누고 스스 로 안전을 지킬 수 있도록 도와주면서 자녀 곁에서 안전의 울타리가 되어주세요.

같은 놀이 다르게

* 그림책 대신 다 쓴 이면지를 활용해서 할 수 있습니다.

6-21 천국의 계단 만들기

종이컵과 그림책을 이용해
사람이 오를 수 있는 계단을 만드는 놀이입니다.

준비물: 그림책, 종이컵

1. 만약에 어디든 갈 수 있는 계단이 있다면 어디로 통하는 계단을 만들고 싶은지 잠시 이야기 나눕니다.

2. 종이컵을 거꾸로 놓고 그 위에 책을 놓는 방식으로 계단을 만듭니다.

3. 어떻게 하면 자녀가 계단에 올라설 수 있을 만큼 튼튼하게 만들 수 있을지 구상해서 만들어봅니다.

4. 자녀와 함께 최대한 크고 높은 계단을 만들고 직접 계단을 올라봅니다.

tip: 계단을 오를 때 안전을 위해 자녀의 손을 잡아주세요.

이야기 하나. 형만 있으면 돼!

1

저녁 늦게 집에 돌아왔어요. 두 아들이 반겼어요.
요엘이는 곧바로 손짓하며 아빠를 불러요.
아빠에게 뭔가 자랑하고 싶고, 보여주고 싶은 마음이 느껴졌어요.

의자와 이불, 손전등, 램프를 이용해 텐트를 만든 거예요.
구석구석 요엘이 손길이 간 게 느껴졌어요.
아빠의 눈으로 보아 그런지 제법 근사했어요.

아들과 하룻밤 우리 집 캠핑,
아빠는 초대받았어요. 단밤이에요.

2

반전이 일어났어요.
자기가 직접 지은 텐트에서 같이 자자고 하고선
"형이 내가 아빠랑 잔다고 했을 때
양보했었으니까 오늘은 내가 양보해야겠다."
혼잣말을 하고 아빠에게는 "아빠, 잘 자. 형에게 양보하려고"라며
한 마디 남기고 떠났어요. 하하.

엄마 옆은 원래 아빠 자리인데 무슨 양보라는 건지.
웃기는 아들이에요. 단밤, 재밌는 밤이었어요.

3

며칠 뒤에 요엘이가 또 캠핑놀이를 하자고 했어요.
이번엔 원시시대 캠핑이에요. 아빠는 형이고, 자긴 동생이래요.

뱀, 고라니, 멧돼지를 사냥도 하고
모닥불에 사냥한 동물들을 구워 먹기도 하고
집도 짓고 이것저것 다 했어요.

4
쉴 새 없이 놀면서
마르지 않는 샘처럼 이야기를 만들어내며 재잘대요.
즐거운 새 노랫소리 같아요.

아무렇지 않게 내게 형이래요.
놀이라는 허구 세계에서 새로운 질서가 생겼어요.

"아! 형, 나 다쳤어!"

걱정스러운 눈빛으로 물었어요. 허구 세계일지라도 척하면 안 돼요.
"요엘아, 괜찮아?"

아들이 아니 동생이 그랬어요.
"어, 형만 있으면 괜찮아."

예기치 못한 감동이 밀려왔어요.
형, 아니 아빠만 있으면 괜찮대요.

5
한참 놀고 나니 목말랐나 봐요.
하긴 입으로도 열심히 놀았으니 당연한 일이에요.
아직 캠핑 세계예요.

"아, 목마르다. 물 마셔야지."
"자, 형도 마셔."

진짜 아빠 것까지 떠왔어요.
캠핑놀이 하면서 잠자기 전 일과인 양치까지 캠핑으로 마쳤어요.

우리 집 전통인 밤마다 찾아오는 이야기꾼,
아빠가 두 아들과 누운 채로 이야기를 들려주었어요.

아빠는 이야기를 마치고 일어섰어요.
근데 끝이 아니에요. 형제가 나란히 누워 수다가 한창이에요.
그만 떠들고 자라는 소리를 못하겠어요.
그 소리가 너무 행복하게 들려서요.

형제끼리 종종 다투고, 토라지고,
속상해하다가도 이런 모습을 보면 마음이 놓여요.
제법 가까운 형제 사이의 정을 확인하게 돼요.

이야기 둘. 우리 놀이주머니 하나 만들어봐요.

마르지 않는 샘.
그건 놀이하는 어린이들에게 어울리는 말이에요.

우린 눈이 오나 비가 오나 아랑곳하지 않고
언제, 어디서나 매일같이 놀았기에
때와 장소를 가리지 않고 놀 줄 알았고 즐길 줄 알았지요.
행복은 자연스럽게 따라오는 친구였어요.

우리 몸에는 언제든지 마음껏 꺼내 쓸 수 있는
놀이 주머니가 있었거든요.

나이 먹기, 팔도 강산, 오징어 강산, 38선, 숨바꼭질,
무궁화 꽃이 피었습니다, 땅따먹기, 독자 맞히기(비석치기), 발통 받기,
제기차기, 사방치기, 다방구, 구멍 솔랑, 구슬치기, 딱지치기,
참 많기도 했어요.

누가 알려주었는지 기억나지 않습니다.
놀이는 모두의 것이었습니다.
놀이는 특정인의 소유물이거나, 전유물이 아니기 때문입니다.
마치 형, 누나들에게 물려받은 공동 소유, 공동 유산 같은 것입니다.

놀이가 몸에 배어 있었기에
누구나 놀았고, 놀 줄 알았어요.
일상이었어요. 그래서 일상이 행복했던 거예요.
몸에 배어 있으려면 일상처럼 해야 해요.

어른들은 새로운 놀이를 말하곤 합니다.
새로운 자극, 새로운 경험, 새로운 놀이, 새로운 프로그램을 이야기합니다.

아이들을 위해서라고 말하지만,
제 잇속 차리느라 본질은 결국 포기하고
'아닌' 것에 시선을 두고
'아닌' 것을 '그런' 것으로 포장하기도 합니다.

어느새 놀이도 새로운 것을 좇고 있습니다.
더 자극적인 것, 더 센 것, 더 비싼 것을 찾습니다.

늘 무방비의 '새로움 홍수' 상태에서 맞이하는
자극적인 것들의 세례 속에서
어린이들은 그저 받아들이기 바쁠 뿐입니다.

어른들이 포장해둔 거짓 놀이와 문화에 속아
몸과 마음이 병들고 있습니다.

밥은 안 찾고 특식만 찾는 셈입니다. 사실, 불량 식품이지요.
마치 유전자 조작 식품 같은 놀이 아닌 놀이에 현혹되어
건강도 잃고, 삶도 빼앗기고 있지요.

누가 어린이들과 청소년들을 불량 식품에 길들였나요,
유전자 조작 식품에 중독되게 했나요.
생명보다 돈에 눈이 먼,
생명보다 왜곡된 교육에 눈이 먼 어른인 우리에게
잘못과 책임이 있지 않나요.

깨달았다면 되돌려주어야 합니다.
몇 번을 해도 질리지 않는 놀이,
몇 가지 놀이만으로도 충분했습니다.

우리가 놀이 공동체를 이루어
서로 즐겁고, 행복하고 건강하게 성장하는 데는
많은 놀이, 새로운 놀이가 필요했던 게 아닙니다.

단지 우리가 다 같이 좋아하고 즐기던,
내게 익숙한 일상이었던 놀이 몇 가지만 있으면 충분했습니다.
거기에는 만남도, 사귐도, 나눔과 돌봄도 있었고,
우정과 사랑도 있었습니다.
성장과 성숙은 자연스럽게 따라오는 과정의 결실이었습니다.

그렇기에
놀이는 새로울 필요가 없습니다.
세련되고, 비싸고, 고급스러워질 필요가 없습니다.
오히려 놀이에서 거추장스러운 모든 것을 걷어내야 합니다.

놀이가 놀이로 있을 수 있도록
어린이들이 어린이로 있을 수 있도록

소박하고, 투박하고, 언제라도 놀이 주머니에서 편하게 꺼낼 쓸 수 있는
놀이를 돌려주면 됩니다.

우리가 늘 누리던 공동 소유의 놀이,
다 같이 편안하게 즐길 수 있는 놀이,
일상의 놀이,
그 놀이를 돌려주어야 합니다.

그렇기에 놀이에서 '새로움'은 신중하게 생각하고
그 방향을 잘 잡아야 할 것입니다.

이미 놀이와 놀이터는 그 자체로 늘 새롭습니다.

어린이들은 말해주지 않아도 그 비밀을 스스로 알게 됩니다.
놀이를 돌려주기만 하면요.

우리 집도, 언제라도 꺼내 쓸 수 있는 행복인
우리 집 놀이주머니 하나.
자녀와 함께 만들어두면 어떨까요?

부록
놀이 양식지

3-12 '7'을 피해라!

준비물: 주사위 2개, 펜과 종이

세트				
1				
2				
3				
4				
5				
6				
7				
8				
9				
10				
총합				

4-8 주사위 빙고 대화

〈자녀용〉

생일에 받고 싶은 선물은?	내가 투명 망토를 쓴다면?	엄마(아빠)가 자랑스러운 점은?	엄마(아빠)에 게 가장 많이 듣는 말은?	엄마(아빠)가 해주는 음식 중 가장 좋아하는 것은?	내가 부자가 된다면?
엄마(아빠)에게 사랑한다고 말해주세요.	엄마(아빠)에 게 가장 듣고 싶은 말은?	내가 소중하게 여기는 물건은?	엄마(아빠)에 게 주고 싶은 선물은?	내가 꼭 배워보고 싶은 것은?	우리 가족끼리 해보고 싶은 일은?
우리 가족의 행복을 위해 만들고 싶은 규칙은?	엄마(아빠)를 5초 동안 간지럽혀주세요.	내가 되고 싶은 사람은?	엄마(아빠)에 게 고마운 점은?	신이 있어 기도를 들어준다면 꼭 하고 싶은 기도는?	나의 친한 친구는?
엄마(아빠)가 날 사랑한다고 느낄 때는?	내 보물 1호는?	엄마(아빠)에 게 해주고 싶은 말은?	내가 살고 싶은 집은?	내가 요즘 자주 하는 놀이는?	내가 스스로 고치고 싶은 점은?
자녀로서 스스로에게 점수를 준다면? 그 이유는?	가족과 함께한 추억 중 가장 기억에 남는 기억은?	엄마(아빠)를 꼭 껴안아 주세요.	요즘 나의 고민은?	우리 가족과 여행 가고 싶은 나라는?	내가 도와주고 싶은 사람은?
내가 생각하는 우리 가족 3대 뉴스는?	내가 좋아하는 친구 유형은?	엄마(아빠)에 게 속상했던 기억은?	내가 가장 좋아하는 과목은?	내게 엄마(아빠)는 어떤 분 인가요?	엄마(아빠) 앞에서 춤을 보여주세요.

4-8 주사위 빙고 대화

〈부모용〉

자녀에게 받고 싶은 선물은?	자녀에게 물려주고 싶은 것은?	멋지다고 생각하는 자녀의 모습은?	자녀에게 가장 많이 듣는 말은?	자녀와 꼭 한 번쯤 해보고 싶은 것은?	엄마(아빠)에게 1억이 생긴다면?
자녀를 안아주면서 사랑한다고 말해주세요.	자녀에게 어떤 부모가 되고 싶나요?	엄마(아빠)가 살아오면서 후회되는 일은?	우리 가족이 닮았다고 생각하는 점은?	꼭 배워보고 싶은 것은?	엄마(아빠)의 꿈은?
우리 가족의 행복을 위해 다짐하는 것은?	엄마(아빠)는 상대의 무엇에 반했나요?	자녀에게 꼭 해주고 싶은 말은?	자녀에게 고마운 점은?	신이 있어 기도를 들어준다면 꼭 하고 싶은 기도는?	어떤 부모가 되고 싶나요?
자녀에게 힘을 얻을 때는?	내 보물 1호는?	엄마(아빠)가 만들고 싶은 이상적인 가족의 모습은?	내가 살고 싶은 집은?	엄마(아빠)가 어릴 때 좋아했던 놀이는?	내가 스스로 고치고 싶은 점은?
부모로서 스스로에게 점수를 준다면? 그 이유는?	가족과 함께한 추억 중 가장 기억에 남는 기억은?	자녀를 5초 동안 간지럽혀 주세요.	요즘 나의 고민은?	우리 가족과 여행 가고 싶은 나라는?	내가 도와주고 싶은 사람은?
내가 생각하는 우리 가족 3대 뉴스는?	엄마(아빠)에게 자녀는 어떤 존재인가요?	자녀에게 미안했던 점은?	엄마(아빠)가 요즘 관심 갖는 일은?	엄마(아빠)가 갑자기 죽게 된다면?	자녀 앞에서 춤을 보여주세요.

4-11 부모와 자녀 30문 30답

(부모용) 30문 30답	
1. 이름	16. 가족과 한 번쯤 가보고 싶은 곳
2. 생년월일	17. 배워보고 싶은 것
3. 좋아하는 운동	18. 스스로 고치고 싶은 모습
4. 좋아하는 음식	19. 부모로서 스스로 점수를 준다면
5. 좋아하는 가수나 노래	20. 자녀에게 점수를 준다면
6. 취미	21. 요즘 나의 기분
7. 좋아하는 계절	22. 요즘 나의 관심
8. 좋아했던 과목	23. 일주일 중 가장 행복한 시간
9. 잘하는 것	24. 내가 살고 싶은 집
10. 자녀에게 받고 싶은 선물	25. 보물 1호
11. 요즘 자주 하는 것	26. 자녀에게 고마운 점
12. 꼭 한 번쯤 이루고 싶은 꿈	27. 자녀의 장점
13. 기억에 남는 친구	28. 자녀에게 듣고 싶은 말
14. 갖고 싶은 초능력	29. 자녀에게 꼭 하고 싶은 말
15. 어릴 적 좋아했던 놀이	30. 지금 느낌

4-11 부모와 자녀 30문 30답

(자녀용) 30문 30답	
1. 이름	16. 가족과 한 번쯤 가보고 싶은 곳
2. 생년월일	17. 배워보고 싶은 것
3. 좋아하는 운동	18. 스스로 고치고 싶은 모습
4. 좋아하는 음식	19. 자녀로서 스스로 점수를 준다면
5. 좋아하는 가수나 노래	20. 부모에게 점수를 준다면
6. 취미	21. 요즘 나의 기분
7. 좋아하는 계절	22. 요즘 나의 관심
8. 좋아했던 과목	23. 일주일 중 가장 행복한 시간
9. 잘하는 것	24. 내가 살고 싶은 집
10. 부모에게 받고 싶은 선물	25. 보물 1호
11. 요즘 자주 하는 것	26. 아빠/엄마에게 고마운 점
12. 꼭 한 번쯤 이루고 싶은 꿈	27. 아빠/엄마의 장점
13. 기억에 남는 친구	28. 아빠/엄마에게 듣고 싶은 말
14. 갖고 싶은 초능력	29. 아빠/엄마에게 꼭 하고 싶은 말
15. 어릴 적 좋아했던 놀이	30. 지금 느낌

6-4 지뢰 위치 추적

〈지뢰 위치 지도 1〉

6-4 지뢰 위치 추적

〈지뢰 위치 지도 2〉

6-4 지뢰 위치 추적

〈지뢰 위치 지도 3〉

아빠의 놀이주머니 1

슬기로운 집콕놀이 101

초판 1쇄 발행일 2020년 9월 4일
　　4쇄 발행일 2023년 7월 20일

지은이 한기철
펴낸이 김현관
펴낸곳 율리시즈

책임편집 김미성
표지디자인 진혜리
본문디자인 이준혁
본문 일러스트 원현경, 조영하
종이 세종페이퍼
인쇄 및 제본 올인피앤비

주소 서울시 양천구 목동중앙서로7길 16-12 102호
전화 (02) 2655-0166/0167
팩스 (02) 6499-0230
이메일 ulyssesbook@naver.com
ISBN 978-89-98229-81-8 13370

등록 2010년 8월 23일 제2010-000046호

이 도서의 국립중앙도서관 출판예정도서목록(CIP)은 서지정보유통지원시스템
홈페이지(http://seoji.nl.go.kr)와
국가자료종합목록 구축시스템(http://kolis-net.nl.go.kr)에서
이용하실 수 있습니다. (CIP제어번호 : CIP2020033684)

책값은 뒤표지에 있습니다.